세상에서
가장 쉬운

세
계
사

세상에서 가장 쉬운

세계사

천레이 지음 | 김정자 옮김

정민
미디어

우리는 대중소비 시대에 살고 있습니다. 과거에는 사치품으로 여겨졌던 상품이 오늘날에는 일반 가정의 필수품으로 자리 잡았고, 사회 엘리트들이 독점했던 지식도 이제는 모두 함께 공유하게 되었습니다. 최근 국내외 역사학의 발전과 다양한 역사 지식의 보급은 이러한 추세를 반영합니다.

2018년 1월, 두커(讀客)출판사 편집자로부터《세상에서 가장 쉬운 세계사》의 추천 서문을 써달라는 부탁을 받고 잠시 망설였습니다. 저는 오랫동안 대학에서 세계사를 가르치고 연구해왔으며, 늘 신중하고 조심스러운 태도를 취해왔습니다. 그래서 만화로 된 세계사가 역사의 진실성을 훼손할까 봐 두려웠습니다. 하지만 부탁을 거절하는 것도 예의가 아니라는 생각에 원고를 미리 보여달라고 부탁했습니다. 처음에는 약간 어색한 느낌이 들었지만, 전체 원고를 다 읽고 난 뒤에는 상당히 흥미롭다는 생각이 들었습니다.

역사란 무엇일까요? 각기 다른 시대에 대한 각각의 설명입니다. 변화가 거의 없는 전통사회에서 역사는 현실을 올바른 방향으로 이끕니다. 통치자는 특히 역사를 중시합니다. 이세민(李世民)은 "역사를 거울로 삼으면 흥망성쇠를 알 수 있다"라고 했습니다. 르네상스 시기, 역사는 인문학에서 중요한 위치를 차지했습니다. 당시 역사는 사람들을 교화하고 전통 귀족과 다른 신사 양성의 역할을 했습니다. 18세기의 계몽 사상가는 자연현상처럼 인류사회도 공통법칙으로 지배된다고 생각했습니다. 따라서 역사 연구의 목적은 인류사회의 보편적 발전 규칙을 발견하는 데 있었습니다. 19세기 이후 역사학은 전문 분야로 분류되었습니다. 랑케 학파는 '역사학은 역사과학'이며 역사의 목적은 실제 있었던 과거를 회복하는 데 있다고 주장했습니다. 이렇듯 역사에 관한 견해는 서로 달랐지만, 역사가 일반인들의 실생활과는 떨어져 있다는 공통점이 있었습니다.

21세기 이후 생활수준이 높아질수록 사람들은 지식에 대한 갈증이 깊어졌습니다. 이때부터 역사는 일반인들의 삶으로 들어오게 되었습니다. 하지만 사람들에게 필요한 것은 지나치게 무겁거나 전문 기술로서의 역사가 아니라, 자신을 풍요롭게 하고 인생을 즐겁게 만들어줄 역사입니다. 이런 역사는 가볍고 생동감 있는 형식이 필요합니다.《세상에서 가장 쉬운 세계사》는 이런 요구에 부합합니다.

《세상에서 가장 쉬운 세계사》는 유머와 해학, 풍자가 가미된 작품으로 아주 흥미롭고 유쾌하면서도 신중하고 정확한 역사서입니다. 이 책은 세계사를 간략하게 정리하여 30분이면 완독할 수 있습니다. 또한 제한된 글자와 지면에도 사건과 인물을 중심으로 세계사의 중요한 내용을 압축해냈습니다. 이 책은 글과 그림이 풍부하고 생동감 있는 문장과 최근 유행하는 인터넷 용어를 잘 활용하여 젊은 사람들이 읽기에 적합합니다.

푸단(復旦)대학교 역사학과 교수 샹룽(向榮)

01

맥없이 무너진
유럽의 역사 1

_그리스와 로마

맥없이 무너진 유럽의 역사 1
•그리스와 로마•

유럽은 인류 문명사에서 중요한 위치를 차지하는 화려한 역사 무대인 만큼, 지금까지 수많은 연극으로 오르내렸습니다.

하지만 공부와 담을 쌓은 분들에게는 멀게만 느껴질 겁니다. 그러니 어렵고 복잡한 이야기는 제쳐두고 아주 기본적인 것들부터 시작해볼까 합니다.

맥없이 무너진 유럽의 역사!

여러분의 이해를 돕기 위해 아주아주
중요한 사건들만 골라서 왔으니 집중해주시기 바랍니다.

딴짓은 절대 금지에요!

이제부터 본격적인 이야기를 시작하겠습니다.

1
그리스 시대

당시 유럽에는 문화라고 할 만한 게 없었던 만큼, 대다수 유럽인은 털만 덥수룩할 뿐 식견이 짧았습니다. 문명이 가장 발달한 지역은 그리스였습니다.

대다수 유럽인의 셀카

그리스인의 셀카

그리스의 영토는 사람이 모여 사는 데 좋은 땅이 아니었습니다. 산 많은 험준한 지형이었으니까요. 그러다 보니 도시국가가 많이 발달했습니다. 이것은 어떤 변화를 불러왔을까요?

그리스인들은 산을 넘어 연락하는 의사소통 방법을 발달시켰습니다.

미노스라는 도시국가는 아주 무시무시한 곳으로 유명했습니다. 전설에 따르면 미노스에는 소의 머리에 인간의 몸을 가진 괴물이 살고 있었는데, 주변국에 어린아이를 제물로 바칠 것을 강요했습니다.

아테네 특산품 - 신선한 개구쟁이

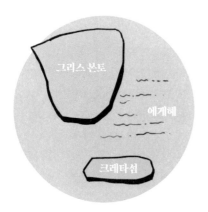

그리스 본토

에게해

크레타섬

크레타섬에 미노스가 있었을 때가 그리스 문명 1.0 시대인 크레타 문명 시대입니다.

어린이를 괴롭히는 자들에게 밝은 미래는 없습니다. 미노스는 서서히 역사의 뒤안길로 사라져갔습니다. 그리고 그리스 본토가 발전하기 시작하면서 그리스 문명 2.0 시대인 미케네 문명 시대로 진입합니다.

미케네라는 말을 처음 들어보나요?
그리스 왕비가 트로이 왕자에게 납치당하자 그리스 사람들은 트로이로 쳐들어갔습니다.

그들의 피 튀기는 싸움은 10년이나 계속됐지만, 승부가 나지 않았습니다. 그리스 연합군은 마지막 수단으로 목마를 만들어 적군에게 보냅니다. 맞아요.

그 유명한 **트로이전쟁**이 있었던 때가 바로 미케네 시대입니다.

왕비를 납치한 자들은 목마도 마음대로 가져갔어요. 트로이 사람들은 에르메스를 정말 좋아했거든요(에르메스는 프랑스 명품 브랜드명이다. 이 브랜드는 '1837년 티에리 에르메스가 말안장과 마구馬具 용품을 만들어 팔던 가게에서 출발했다'고 알려져 있다. 저자가 유머를 섞어서 표현한 것이다).

하지만 트로이가 전멸당한 뒤 그들은 훔쳐간 모든 것을 돌려줘야 했습니다.

얼마 후, 미케네 시대가 몰락하자 그리스 문명은 3.0 시대를 맞이합니다.

2

고전기

고전기에도 그리스는 여전히 도시국가의 형태를 유지했습니다. 당시 그리스를 양쪽에서 지탱한 도시국가가 문예 청년이 주도하는 **아테네**와 용맹한 전사들로 이루어진 스파르타였습니다.

지금은 아테네가 그리스의 일개 도시에 불과하지만, 고대에는 스파르타와 마찬가지로 독립된 국가였습니다.

아테네인과 스파르타인의 만남을 좀 과장해서 표현하면 아래와 같을 것입니다.

01 맥없이 무너진 유럽의 역사 1 _그리스와 로마

둘 다 상대방이 세상에서 가장 한심하고 멍청하다고 생각했습니다.

그리스의 다른 도시국가들도 두 편으로 나뉘어 대립했습니다.

그러던 어느 날 아시아에서 **페르시아**라는 거대한 제국이 출현했습니다. 페르시아 왕은 식탐이 많고 인색한 사람이었습니다. 그는 평소 그리스의 에게해에서 잡은 생선을 좋아했는데, 생선값이 너무 비싸다고 생각했습니다. 생선을 공짜로 먹을 방법은 하나뿐이었죠.

강력한 적을 상대하기 위해 아테네와 스파르타는 동맹을 맺습니다.

그리스의 많은 도시국가는 아테네와 스파르타의 지휘 아래 하나로
힘을 합쳐 페르시아와 전쟁을 했습니다. 이것이 바로 페르시아전쟁
입니다.

페르시아를 몰아낸 그리스인들은 갑자기 나라가 조용해지자 허무
함에 빠졌습니다.

시간이 많으면 지난 일을 자주 떠올리게 되죠. 아테네인들과 스파르타인들도 페르시아전쟁이 끝난 뒤 시간이 남아돌자 서로 지난 일을 들먹이며 다시 싸움을 이어갔어요. 이것이 바로 **펠로폰네소스전쟁**입니다.

전쟁으로 피폐해진 양 진영은 쉽게 승부를 낼 수 없었습니다. 그리스의 중심축이던 아테네와 스파르타가 서로 싸우는 동안 그리스인들은 어떻게 지냈을까요?

치열한 전투가 벌어지는 와중에도 춘추전국 시대의 진(秦)나라처럼 한쪽에서 묵묵히 지켜보던 세력이 있었습니다. 바로 마케도니아입니다. 마케도니아는 그리스 북부 교외에 있는 도시국가입니다. 농사를 지으며 조용히 살던 마케도니아인이 그리스를 통일할 거라고는 아무도 예상하지 못했습니다.

그리스를 통일한 마케도니아인은 누구일까요?

3

알렉산드로스

알렉산드로스는 죽을힘을 다해서 그리스 통일이라는 커다란 업적을 완성했습니다. 그는 거기에 만족하지 않고 이집트, 페르시아, 서아시아, 인도를 정복했습니다. 그렇게 유럽, 아시아, 아프리카 3대륙을 잇는 대제국을 이루었습니다.

30대 초반에 인생의 절정을 맛본 알렉산드로스가 더 원하는 게 있었을까요?

알렉산드로스는 그만큼 의지가 강했지만, 말라리아에 걸려 세상을 떠나고 말았습니다.

알렉산드로스가 죽자 거대한 제국은 순식간에 무너지고 말았습니다.

그리스의 화려한 시절도 알렉산드로스의 죽음과 함께 저물어갔습니다.

알렉산드로스보다 뛰어난 인물이 나타나지 않았느냐고요?

네, 그리스에서 그를 따라갈 자는 없었습니다.

이후 그리스는 이웃나라 로마의 습격을 받았습니다.

4
로마 시대

알렉산드로스는 동맹국을 이끌고 계속 동쪽으로 이동했습니다. 만약에 그가 뒤를 돌아봤다면 서쪽에서 꿈틀거리는 거대한 위협을 발견했을지도 모릅니다.

그리스가 화려한 번성기에 접어들었을 때 로마인은 여전히 이탈리아 서쪽에서 뒹굴고 있었습니다. 그리스와 로마는 분위기가 달랐습니다.

그리스인은 이상과 낭만을 추구합니다. 알렉산드로스는 세계 정복이라는 꿈을 위해 평생 뒤돌아보지 않고 동쪽을 향해 달렸습니다.

반대로 로마인은 현실을 중시했습니다. 그들은 동서남북 어디로 가든 영토가 끝나지 않는 나라를 만들기 위해 사방팔방으로 영토를 확장했습니다.

그리스가 내리막길을 걷자 유럽의 중심축은 서서히 로마로 이동했습니다. 그리고 로마가 그리스를 정복한 이후부터 유럽은 본격적인 로마 시대로 접어듭니다.

그리스와 로마의 관계는……

그리스는 위대한 문명을 낳았습니다.

로마는 그리스를 정복했지만, 그리스 문명에 깊이 빠져들었습니다.
그리스 문명은 유럽 문명의 뿌리가 되었습니다.

누군가가 로마에 대해 말한다면, 다음과 같이 말해보세요.

"그러니까 네가 말하는 로마가 로마왕정이야, 로마공화정이야? 그것도 아니면 로마제국이야?"

이 한마디면 분위기를 완전히 사로잡을 수 있습니다.
로마는 끊임없는 영토 확장을 통해 로마왕정, 로마공화정, 로마제국이라는 3단계 발전을 이루었습니다. 최초의 로마는 이탈리아반도의 작은 영토에서 시작되었습니다. 땅도 작고 인구도 적은 그곳에서는 왕의 말 한마디로도 통치가 가능했습니다.

마지막 왕에게는 악행을 일삼는 아들이 하나 있었습니다. 그에게 불만을 품은 사람들은 마지막 왕을 끌어내렸습니다.

이처럼 역사는 왕이 아니라 평범한 시민들로 말미암아 전환기를 맞이했습니다. 바야흐로 **로마왕정**의 시대가 열린 것입니다.

당시의 왕정은 간단한 군주제 형태였습니다. 땅이 작아서 왕의 말 한마디로도 통치가 가능했습니다.

하지만 왕정이 좋은 제도가 아님을 알게 된 사람들은 남성 집정관과 원로원으로 구성된 공동정치 체제를 마련합니다. 새로운 체제 아래에서는 누구도 함부로 이래라저래라 간섭할 수 없었습니다.

집정관 두 명의 공동정치

수백 명의 원로와 함께 회의

이것이 바로 **로마공화정**입니다.

이 시기에 로마는 유럽, 아프리카, 아시아로 영토를 확장합니다. 지중해에서 왼쪽으로 고개를 돌리든 오른쪽으로 고개를 돌리든 로마 땅으로 가득했습니다.

영국, 프랑스 지역은 어땠을까요? 너무 가난해서 눈물이 나올 지경이었습니다.

당시 집정관은 정해진 임기가 끝나면 자리에서 물러나야 했지만 종

신 독재관으로 군림하는 자들도 있었습니다.

종신 독재관이 되면, 뭐든지 마음대로 할 수 있는 권한이 주어집니다.

종신 독재관으로 가장 유명한 사람은 **카이사르**입니다. 그는 집정관
이었다가 큰 공을 세우고 스스로 종신 독재관이 되었습니다. 하지만
원로원들의 미움을 산 끝에 원로 수십 명에게 칼로 암살당합니다.

카이사르가 죽자 그의 외손녀가 낳은 옥타비아누스가 종신 독재자의 자리를 이어받았습니다. 드넓은 영토와 다양한 민족을 거느린 로마에서 종신 독재자는 황제나 다름없었습니다.

이렇게 **로마제국** 시대의 막이 올랐습니다.

로마제국의 초대 황제 옥타비아누스

로마제국은 스페인에서 터키까지 영토를 확장했습니다.

황제는 아침 일찍 일어나 밤늦게까지 소처럼 열심히 일했습니다.

디오클레티아누스 황제는 국토를 동, 서로 나누고 대황제와 소황제를 파견해 4분할 통치를 실시했습니다.

황제 네 명의 분할 통치

4분할 통치는 효과가 뛰어났습니다.

하지만 황제들이 사이좋게 지내는 일은 쉽지 않았습니다. 그들 중 한 명이 죽으면 누가 그 자리를 계승할까요? 황제들은 남은 자리를 두고 서로 다투기 시작했습니다.

어떤 때는 스스로 대황제라 칭하는 자가 여섯 명이나 됐습니다. 어지러운 정국이 수습되자 황제제도가 부활했습니다.

날라리 가라사대,

한 번 접힌 종이는 영원히 흔적이 남고,

한 번 부서진 마음에는 영원히 상처가 남는다.

로마제국도 다르지 않아요!

로마제국을 통일한 콘스탄티누스도 한 번 떠난 인심을 다시 얻기란
어려웠습니다. 결국 로마제국은 두 개로 분열되었습니다.

서로마 & 동로마

동로마는 터키를 중심으로 한 아시아 지역이며 **비잔틴제국**이라는
명칭으로 더 유명합니다.
서로마는 이탈리아를 중심으로 한 유럽 지역이며 **사라진 제국**으로
불리기도 합니다.

이때부터 각자의 길을 선택한 동로마와 서로마는 서로 다른 운명을 맞이합니다.

동로마의 명맥은 1000년이 넘게 이어졌지만, 서로마는 외부의 침략으로 말미암아 100년도 못 가 멸망합니다.

02

맥없이 무너진
유럽의 역사 2

_암흑의 중세

맥없이 무너진 유럽의 역사 2
•암흑의 중세•

전성기 시절의 로마제국은 유럽 땅 대부분을 차지했습니다. 하지만 어디선가 '빠직' 소리만 들려도 로마제국은 둘로 갈라졌습니다.

서로마&동로마

가혹한 운명을 피하지 못한 서로마는 외부의 침략으로 멸망하지만, 동로마는 큰 위기 없이 1000년 넘게 명맥을 유지했습니다.

1000년 후, 유럽인의 문맹을 퇴
치해준 르네상스!

동로마와 르네상스의 관계

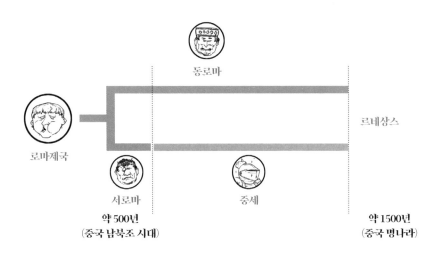

서로마가 멸망하고 르네상스가 시작되기까지의 약 1000년 동안을
중세 시대라고 합니다.
중세 시대를 한마디로 정리하면…….

천 년을 기다렸어요.

기다리고 기다려서…….

동로마에서는 평생 살 수 있지만,

서로마에서는 불가능합니다.

로마제국이 유럽의 땅 대부분을 점령했을 때 나머지 지역에는 게르만족이 버티고 있었습니다.

 게르만족은 고트족, 프랑크족, 반달족,
앵글족, 색슨족 등
다양한 종족의 총칭입니다.

로마가 분열된 후 게르만족은 서로마로 이동했습니다. 서로마가 멸망하자 게르만족은 그 자리를 차지하고 많은 소국가를 건설했습니다.

로마인에게 야만족이라고 무시당하던 게르만족은 현재 대다수 유럽인의 조상이 되었습니다.

중세 시대에 동로마는 별 볼 일 없었습니다. 게르만 국가에 얽힌 이야기는 주로 서로마(편의를 위해 '서유럽'이라고 칭함) 지역에서 전해져 내려옵니다.

게르만어를 사용하는 다양한 민족의 총칭인 게르만족 중에서 **프랑크족**이 세운 국가가 **프랑크 왕국**입니다. 프랑크 왕국은 위대한 인물이 나오기 전까지 수많은 게르만 국가 중 하나에 불과했습니다.

카롤루스 대제
(약 800년, 중국 당나라 시기)

카롤루스 대제는 모든 게르만 국가를 통합하고 서유럽의 황제가 되었습니다. 서로마를 계승한 서유럽은 통일을 실현하고 대제국을 이루었습니다.

서로마　　　　　　다양한 게르만 종족　　　　　　프랑크 왕국

카롤루스 대제는 유럽 역사에서 가장 위대한 군주로 손꼽힙니다. 어느 정도로 위대했냐고요?

트럼프 카드에서 빨간색 하트 K에 그려진 인물이 바로 카롤루스 대제입니다.

그는 1000년이 지난 지금까지도 많은 이에게 숭배와 존경의 대상이
되고 있습니다.

카롤루스 대제는 전 세계인의 마음을 사로잡았지만, 가족의 평화는
이루지 못했습니다.

나라가 멸망하는 이유는 황제가 없거나 황제가 너무 많기 때문입니
다. 게르만족은 아버지가 죽으면 자녀들이 유산을 평등하게 나눠 가
지는 전통이 있었습니다. 카롤루스 대제에게는 아들 세 명이 있었는
데, 그가 죽자 프랑크 왕국은 셋으로 분리되었습니다.

훗날 서프랑크는 프랑스, 중프랑크는 이탈리아, 동프랑크는 독일이
되었습니다.

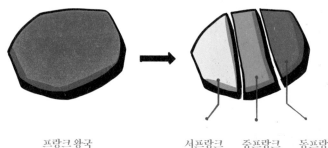

프랑크 왕국   서프랑크   중프랑크   동프랑크

카롤루스 대제의 세 아들은 유럽 역사를 바꿔놓은 가장 중요한 인물들입니다.

카롤루스 대제가 힘들게 세운 제국은 세 아들에 의해 분열되었습니다.

유럽의 구도가 형성된 뒤에는 어떤 일이 일어났을까요?

가장 중요한 것만 짚어보겠습니다.

신성로마제국

유럽이 셋으로 분할되고 동프랑크는 독일의 모태가 되었습니다. 당시 독일의 모습은 제후들이 각각 영토를 다스리던 중국의 춘추전국시대와 유사했습니다.

그중에는 독일의 일인자를 자청하며 다른 제후들을 속이고 이탈리아를 공격한 자가 있었습니다.

오토 대제(약 960년, 중국 북송 초기)

이탈리아는 로마제국의 기원지로서 위세를 떨쳤으나,
그 후 약 2000년 동안 대국 사이에 끼여
큰 활약을 하지 못했습니다.

오토 대제는 스스로 로마제국의 계승자임을 주장하며 국가명을 로
마제국이라고 바꿨습니다. 그리고 후대에 웅장한 느낌을 주는 **신성**
이라는 두 글자를 추가했습니다.

이렇게 신성로마제국이 탄생했습니다. 독일 민족 역사상 최초의 전성기였던 이 시기를 사람들은 '제1제국'이라고 부릅니다.

1000년 뒤, 히틀러가 '제3제국'을 부르짖은 것도 바로 이때를 기점으로 합니다.

'제2제국'은 프로이센 시대를 지칭합니다. 국어 시간에 배운 알퐁스 도데의 단편소설 〈마지막 수업〉이 바로 프로이센에게 점령당한 프랑스를 배경으로 한 작품입니다.

2

백년전쟁

동쪽의 독일이 떠들썩할 때 서쪽도 조용하지는 않았습니다. 유럽 서북쪽에는 프랑스를 사이에 두고 섬들이 분포해 있었는데, 그중 **잉글랜드**라는 국가가 있었습니다.

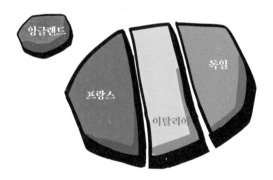

사면이 바다로 둘러싸인 잉글랜드는 로마와 바이킹의 침략 때문에 하루도 평온한 날이 없었습니다. 간신히 명맥을 유지하던 잉글랜드에게는 평생의 숙적이 있었으니, 바로 프랑스입니다.

잉글랜드와 프랑스는 밥 먹고 자는 시간을 제외하곤 중세 시대 내내 싸우며 시간을 보냈습니다.

둘 사이에 무슨 원한이 있었냐고요? 이유는 복잡합니다. 간단히 얘기하면, 잉글랜드 국왕이 프랑스 **노르망디**를 점령한 데서부터 시작합니다.

프랑스 입장에서 보면 내 집에 있는 침실을 잉글랜드가 차지한 것이나 마찬가지 상황입니다.

기분이 좋지는 않겠죠?

유럽의 왕실은 다른 나라 왕족과 결혼하여 나라가 분열되는 것을 막아왔습니다.

때로는 혈연관계가 아닌 자들도 왕실의 계승자가 되었습니다.

그렇다면 침실은 누구의 것이 되는 걸까요?

이 문제를 둘러싼 잉글랜드와 프랑스의 갈등은 나날이 심각해져갔

고, 이것은 결국 백년전쟁의 불씨가 되었습니다.

3
십자군 전쟁

중세 시대 유럽은 내부의 전쟁도 치열했지만, 외부의 전쟁도 만만치 않았습니다. 유럽은 중동을 공동의 적으로 생각했습니다.

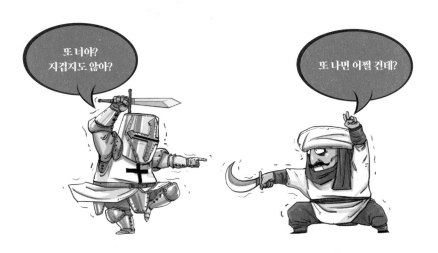

카롤루스의 할아버지 시기(대략 중국의 당나라 시기), 중동과 유럽은 신앙이 서로 달라서 마찰이 잦았습니다.

훗날 유럽은 종교적으로 아주 중요한 지역인 예루살렘을 빼앗깁니다. 예루살렘을 빼앗긴 그들의 분노는 상상을 초월했습니다.

서유럽 형제들은 무기를 들고 중동인과 죽기 살기로 싸웠습니다. 양측 모두 상대를 때려눕히고 승리하겠노라는 생각뿐이었습니다.

1096년~1291년, 대략 중국의 송나라 시기

이것이 바로 십자군전쟁입니다. 십자군 원정대는 200년 동안 전쟁을 지속했음에도 결국 예루살렘을 돌려받지 못했습니다.

4
르네상스

로마제국이 멸망하자 유럽인들의 삶은 아주 힘들어졌습니다. 로마 제국 시기에는 모두 같은 종교를 가졌기에 그와 관련된 일을 담당하는 교황이 중요한 역할을 했습니다.

서로마가 무너지고 교황이 난처한 상황에 빠졌을 때 게르만족이 쳐들어왔습니다. 이방인으로서 열등감을 느낀 그들은 교황을 보고 무슨 생각을 했을까요?

교황이 아직도 건재하단 말이지? 로마제국 사람이니까 **친하게 지내야지!**

카롤루스의 아버지 피핀이 이탈리아 지역을 교황에게 선물한 것이 교황령이 되었습니다. 현재는 바티칸 일부만 **교황령**으로 남아 있습니다. 이것이 바로 역사적으로 유명한 **피핀의 기증**입니다.

교황은 두 번째 전성기를 맞이한 것처럼 기분이 아주 좋았습니다. 그렇게 교황은 게르만인을 황제로 삼고 로마 황제와 똑같이 대했습니다!

카롤루스는 황권을 이용해 기독교를 널리 전파했습니다.

이후로 황제와 교황은 유럽의 세속적인 세계와 정신적인 세계를 다스리며 서로 의존했습니다. 교황은 황제의 대관식을 주관했고, 황제는 교황을 극진히 대접했습니다.

하지만 황제와 교황의 밀월 시기는 아주 짧았습니다. 그 외 대부분은 권력을 차지하기 위해 음과 양으로 치열한 다툼을 벌였습니다.

종교 자체는 잘못이 없지만, 한쪽으로 치우친 사람들은 많은 갈등을 불러일으킵니다. 문제는 당시 유럽 전체가 정상 궤도를 벗어났다는 데 있습니다. 사람들은 신과 종교에 지나치게 빠져들었고, 맹목적으로 신앙을 숭배하는 분위기가 팽배했습니다.

중세는 네 가지 현상이 두드러집니다. 성경을 바탕으로 형성된 문화, 예수와 그 가족을 대상으로 한 예술, 대장간에서 발전한 과학, 끊임없는 중동과의 다툼이 바로 그것입니다.

사람들은 이 시대를 암흑의 중세라고 불렀습니다.

1000년이 흐른 뒤에야 사람들은 믿음에 관한 생각이 잘못되었음을 알게 되었습니다.

'믿음은 아무 쓸모도 없는 게 아닐까? 흑사병이 전 유럽을 휩쓸어 수많은 목숨을 앗아갈 때 누가 우리를 구원해줬지?'

사람들은 그제야 자신을 구원할 사람은 자신밖에 없다는 사실을 깨달았습니다.

그리스, 로마 시대에는 신을 숭배하지 않고도 조형 예술을 즐기며 행복하게 살았습니다.

어느새 유럽인들은 신보다 자신을 더 중요시하게 되었습니다.

그리고 그리스, 로마 시대와 같은 사회 활력을 회복해야 한다고 주장했습니다.

이것이 바로 유럽의 문화운동, **르네상스**입니다.

이때부터 유럽은 무지몽매했던 시대와 이별하고
폭발적인 창의력을 뽐내며 유럽의 선두 주자로 거듭났습니다.
유럽은 열심히 노력해 자신의 영향력을 크게 확장했습니다.

03

맥없이 무너진
유럽의 역사 3

_바다로 나간 유럽

맥없이 무너진 유럽의 역사 3
• 바다로 나간 유럽 •

약 1500년 경, 유럽은 막강한 힘을 갖게 되었습니다.

전 세계의 운명은 이때부터 서로 뒤섞이기 시작했고 세계 역사도 **잡탕찌개**처럼 뒤죽박죽 변해갔습니다.

왜 그럴까요?

유럽의 일부 지역을 먼저 살펴보겠습니다.

이 시기, 유럽에는 두 가지 큰 사건이 일어났습니다.

르네상스 & 동로마 멸망

르네상스는 1000년간 어둠 속에 갇혀 있던 사람들을 광명으로 이끌었습니다.

흑사병으로 전 유럽인의 목숨이 위태로워졌습니다.

중세 말기, 흑사병으로 유럽 인구의 3분의 1이 생명을 잃었습니다.

그 결과 사람들은 신을 믿어도 아무 소용 없다는 사실을 깨닫고, 행복한 삶을 추구하게 되었습니다. 행복한 삶이란 무엇일까요? 마르코 폴로는 사람들에게 말했습니다.

아시아에서 한밑천 잡으려는 생각으로 길을 떠난 유럽인들은 동쪽으로 이동했습니다. 그들은 동로마에 도착하고 나서야 뭔가 잘못됐다는 걸 알아챕니다.

서유럽의 오랜 친구이자 1000년의 제국 동로마는 터키인에 의해 멸망합니다. 그 뒤로 이 슈퍼 제국은 유라시아 대륙의 중간에 위치하게 됩니다.

이것이 바로 유명한 오스만제국입니다.
그리고 나서, 그리고 나서는 없습니다.

또 아시아로 가는 일은 없었습니다!

절망에 빠진 유럽인들은 오래전 어떤 인도인이 한 말을 떠올렸습니다.

널 내 곁으로 보낸 것은 '물'이지.

땅이 가로막혔다면 물을 건너가면 됩니다.

1

대항해 시대의 시작

당시 유럽인들은 세계가 어떻게 생겼는지 잘 몰랐으므로 유럽 대륙을 벗어나자마자 길을 헤맸습니다. 넓은 바다에서 아시아로 가는 길을 찾기 위해서는 비상한 두뇌와 큰 용기가 필요했습니다.

가장 먼저 나선 자들은 아프리카 최남단을 돌아 아시아로 간 포르투갈인이었습니다. 그들은 엄청난 용기와 모험심을 가지고 있었습니다. 그다음으로 나선 자들은 스페인 대표단이었습니다. 스페인 대표단은 비록 아시아로 가는 길은 찾지 못했지만, 일주일을 항해한 끝에 아메리카 신대륙을 발견했습니다. 그들이 좋은 성과를 거둔 것은 영리한 두뇌를 가지고 있었기 때문입니다.

빨리빨리! 거의 다 왔어.

스페인 대표단 단장 콜럼버스

콜럼버스가 아메리카 신대륙을 발견한 것은 그가 지구의 둘레를 잘못 계산했기 때문입니다. 콜럼버스는 조금만 항해하면 아시아에 금방 도착할 거라고 생각했지만, 그의 계산은 터무니없이 어긋났습니다. 하지만 그 덕분에 아메리카를 발견했습니다.

흥미로운 사실은, 콜럼버스는 죽을 때까지 자신이 발견한 신대륙이
인도나 일본이라고 생각했다는 점입니다.

아시아의 향신료와 아메리카의 황금 덕분에 포르투갈과 스페인은
유럽에서 가장 부유한 나라가 되었습니다.

돈이란 잘 모으면 부자가 되지만 많다고 펑펑 쓰면 금방 바닥이 납
니다. 몹시 가난했던 포르투갈과 스페인은 갑자기 부유해지자 돈을
어떻게 쓰고 관리해야 할지 잘 몰랐습니다. 그들은 돈을 허투루 쓰
지 않기 위해 노력했습니다.

스페인은 열심히 돈을 모아 역사에 길이 남을 무적함대를 만들었습
니다. 스페인의 무적함대는 유럽에서 가장 강력한 함대였습니다.
하지만 무적함대는 머지않아 부서지고 말았습니다.

스페인과 포르투갈은 매일 엄청난 돈을 긁어모았고, 유럽의 다른 국가들 특히 영국은 질투심에 눈이 멀어 그 돈을 빼앗을 궁리를 했습니다. 영국의 엘리자베스 여왕은 자국의 해적이 스페인 함선을 약탈하는 것을 눈감아주었습니다.

유럽 각국은 앞다투어 식민지를 약탈했습니다.

그 결과 스페인과 포르투갈은 몰락하고, 영국은 유럽의 패권을 차지합니다. 따라서 영국은 아시아와 북아메리카의 거의 모든 식민지를 차지합니다.

영국의 세력은 점점 뻗어 나가 24시간 태양을 볼 수 있을 정도로 확장
되었습니다. 그래서 영국은 해가 지지 않는 제국이라고 불렸습니다.

대항해는 서로 단절된 각 대륙을 하나로 연결해주었습니다.
대항해가 가지는 가장 큰 의의는 유럽의 **견문 확장**에 있습니다.
유럽인은 전 세계를 돌며 온갖 지식을 익혔고, 천문·지리·물리·화
학 등을 공부하여 과학을 발전시켰습니다.

증기기관이 출현하자 유럽 전역에서 산업혁명이 시작되었습니다.
예전에는 손으로 벽돌을 날랐다면 산업혁명 이후에는 어떻게 변했
을까요?

벽돌을 나르는 일을 포함해 모든 노동에 기계가 사용되었고, 이로써
사회는 빠르게 발전해갔습니다.

유럽인들은 세상에 대한 이해가 깊어질수록 모든 것이 눈에 차지
않았습니다. 그들은 자국을 위해 과학 기술을 발전시키고 혁명을 실
행해야 한다고 생각했습니다.

혁명을 할 것인가?

이 시기 유럽은 곳곳에서 개혁이 일어났습니다. 유럽이 뼈를 깎는 고통을 통해 새롭게 태어나기 시작한 것입니다.

영국 혁명

영국은 식민지가 많았기에 상인들은 막대한 돈을 벌었습니다. 사람들은 나라가 안정된다면 더 큰 돈을 벌어들일 수 있을 거라고 생각했습니다.

하지만 영국 통치계급은 요지부동이었습니다.

이해가 안 돼요?

따라서 자본가계급이 혁명을 실행했습니다. 이때부터 영국 국왕은 마스코트로 전락했고, 진정한 보스 역할은 '테이블에 둘러앉아서 국왕은 정말 하는 일 없고 쓸모가 없다며 거들먹거리는' 의회가 맡게 되었습니다.

이것이 바로 **입헌군주제**입니다.

미국 혁명

영국은 식민지가 많았기에 그곳으로 건너가 생활하는 영국인도 많았습니다. 그들은 다른 대접을 받았습니다. 세금을 거의 내지 않았는데, 반면 어떠한 권리도 주장하지 못했습니다. 아메리카 대륙으로 건너간 영국인들은 그런 상황에 기분이 좋지 않았습니다.

따라서 그들은 혁명을 통해 스스로 국가를 세우고 **미국**이라고 불렀습니다.

프랑스 혁명

프랑스는 당시 유럽에서 가장 강한 나라였습니다. 유명한 **루이 14세** 가 위력을 떨치기도 했습니다.

루이 14세는 중국의 강희제 (康熙帝)와 같은 시대 인물로, 막강한 권력을 휘둘렀습니 다. 그는 문학과 예술을 좋아 했는데 특히 무대에서 태양 왕 연기를 하는 것을 즐겼다 고 하여 **태양왕**이라고 불립 니다.

루이 16세는 어리석고 무능하여 시민들에게 끌려 나와 머리가 잘려 죽습니다.

루이 16세의 세금정책이 의미하는 바는 다음과 같습니다.

1. 프랑스는 아주 불평등한 사회였으며 가난할수록 더 많은 세금을
   내야 한다.

2. 아내가 재산을 탕진하면 남편의 사랑을 받을 수 없다.

시민들의 분노를 산 국왕은 단두
대로 끌려갔습니다.

이것이 바로 유명한 **프랑스혁명**
입니다.

국왕이 사라진 프랑스는 큰 혼란
이 야기되었고 대포를 가진 자가
나타나 정권을 차지했습니다.

③
나폴레옹

나폴레옹은 원래 임시정부의 포병 장교였는데, 전쟁을 승리로 이끄는 능력이 뛰어났습니다. 그런데 기회를 잘 포착해 프랑스 황제가 되었습니다.

나폴레옹은 원대한 야망을 품은 천재 전략가였습니다. 그는 황제의 자리에 앉자마자 전쟁을 통해 유럽을 자신의 안마당으로 만들었습니다.

나폴레옹이 전쟁에서 패배한 국가는 딱 하나, **러시아입니다.**
나폴레옹은 위풍당당하게 러시아로 쳐들어갔습니다. 하지만 일기
예보를 확인하지 않은 탓에 50만여 병력이 혹한으로 말미암아 대부
분 전사하고 말았습니다.

러시아 진격 전　　　　　　　　　　러시아 진격 후

그 후로 나폴레옹은 내리막길을 걷기 시작합니다. 프랑스에 반대하
던 유럽 각국은 **대프랑스동맹**을 결성하여 벨기에의 **워털루**에서 나
폴레옹을 무너뜨립니다.

나폴레옹과 같은 천재를 이기기 위해서는 뛰어난 전술, 전략보다
'꿈은 반드시 이루어진다'라는 마음으로 성실하게 노력하는 것이 더
중요합니다. 대프랑스동맹은 나폴레옹에 대항하기 위해 20년 동안
일곱 차례나 동맹을 결성했으며, 그중 나폴레옹과 전투를 벌인 것은
다섯 번입니다.

마침내 나폴레옹을 쓰러뜨린 사람들은 그를 세인트헬레나섬으로
유배를 보내 세상과 격리시켰습니다. 나폴레옹은 그곳에서 최후를
맞이했습니다.

나폴레옹을 격파할 가능성은 아주 희미했지만,
성공한 이유는 큰 행운이 따랐기 때문입니다.

폭군이 사라진 유럽에는 평화로운 일상이 찾아왔습니다.
영국은 야금야금 돈을 벌어들였고, 프랑스는 막 체면을 구겼고, 이
탈리아는 대대로 유약했고, 러시아는 혹한을 이용했습니다.

여기서 빠진 나라는 어디일까요?

4

독일의 역습

나폴레옹 시대가 막을 내리고 지금까지 유럽의 절대 강자 자리는 독일이 차지하고 있습니다. 그전까지 독일은 유럽에서 평범한 국가에 불과했습니다. 다른 나라들이 단단한 철판이라면 독일은 여러 개로 이루어진 칠교판과 같았습니다. **비스마르크**가 출현하기 전까지 독일은 내부 단합이 잘 안되고 제후들이 판을 쳐서 혼란스러운 상황이었습니다.

독일에 속한 작은 나라 **프로이센**과 **오스트리아**는 하루가 멀다 하고 싸움을 벌였습니다.

프로이센의 왕은 비스마르크를 불러들였습니다. 비스마르크는 철혈재상이라고 불렸지만 약삭빠른 면도 있었습니다.

비스마르크는 사람을 선동하고 부추기는 방법으로 오스트리아와의 전투를 승리로 이끌고 프랑스를 격파했습니다. 어렵게 통일을 이룬 독일은 유럽 최강국으로 우뚝 섰습니다. 이 시기의 독일을 제2제국이라고 부릅니다.

전투를 치르고 통일을 이룬 독일은 다시 유럽의 평화를 깨뜨렸습니다. 그들은 프랑스를 격파하자마자 영국의 식민지로 눈을 돌렸습니다.

네가 아무리 대단해도 난 찍어 누를 거야!

영국한테 독일은 진작부터 눈에 거슬리는 존재였습니다. 유럽의 수호자를 자청한 영국은 모난 돌 같은 독일을 보고 있을 수 없었습니다. 그들은 잘난 척하는 독일을 어떻게든 찍어 누르려 했습니다.

아무리 강력한 독일도 많은 적 앞에서는 당할 재간이 없었습니다.
마침 이웃나라인 **오스트리아-헝가리제국**이 러시아와 전쟁을 치르
는 중이었는데 독일은 그들과 연합해 서로 힘을 합쳤습니다. 이에
또 다른 이웃나라인 이탈리아도 대열에 합류했습니다.

따라서 **독일, 오스트리아-헝가리제국, 이탈리아**로 구성된 '동맹국'
이 결성되었습니다.
그 모습을 지켜본 **영국**은 **프랑스, 러시아**와 힘을 합쳐 '협약국'을 만
들었습니다.

두 세력이 맞붙자 이탈리아는 동맹국을 배신하고 상대방 진영으로
합류해 지금까지 살아남았습니다. 그들은, **사람은 죽으면 다시 살아
날 수 없다**는 사실에 감사해야 합니다. 그렇지 않았다면 고대 로마
인이 무덤에서 깨어나 그들을 땅에 묻어버렸을지도 모릅니다.

이처럼 패거리를 지어 싸우던 분위기에서 세계는 20세기를 맞이합니다. 새로운 시대에는 이전과는 전혀 다른 국면이 출현하기 시작했습니다. 이전에는 싸움이 벌어져도 1:1로 맞붙었는데 이제는 툭하면 무기를 들고 휘두릅니다. 우리의 간단한 유럽사는 이것으로 막을 내립니다. 다음에는 어떤 일이 벌어질까요? 여러분이 알아맞힐 수 있을 거라고 믿습니다!

세상에서 가장 쉬운 세계사

04

가려진 역사
〈300〉 상

가려진 역사 〈300〉 상

영화 〈300〉을 본 적이 있나요?

영화의 또 다른 제목을 '팬티만 입고 싸우면 적의 가슴이 아무리 두

꺼워도 단칼에 무찌를 수 있다'로 짓고 싶군요.

 영화를 보면 심장이 빠르게 뛰고 피가 머리끝까지 솟구치는 쾌감이 느껴질 겁니다. 그런데 영화에서 설명하는 이야기가 무엇인지 안다면 함께 보는 이와 더 좋은 친구가 될 수 있을 거예요. 이런 말을 하는 이유는 얼마 전에 친구와 있었던 일화 때문입니다.

그 친구와는 더 이상 친하게 지내지 않습니다. 수준이 다른데 어떻게 친해질 수 있겠어요?

영화를 본 사람 중에 제 친구처럼 아무것도 모르는 이가 많을 거라고 생각합니다. 그러니 편안한 마음으로 영화 속 흥미로운 역사 이야기를 나눠볼까요? 이 영화는 세계 역사에 중요한 영향을 미친 유럽과 아시아 문명의 충돌을 그리고 있습니다.

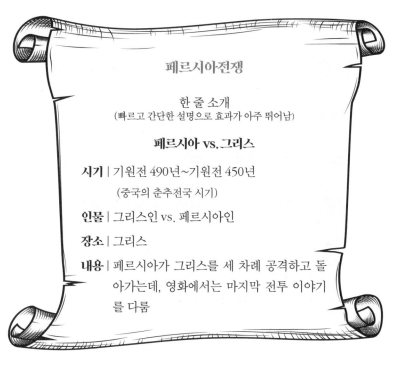

페르시아전쟁

한 줄 소개
(빠르고 간단한 설명으로 효과가 아주 뛰어남)

페르시아 vs. 그리스

시기 | 기원전 490년~기원전 450년

(중국의 춘추전국 시기)

인물 | 그리스인 vs. 페르시아인

장소 | 그리스

내용 | 페르시아가 그리스를 세 차례 공격하고 돌아가는데, 영화에서는 마지막 전투 이야기를 다룸

좀 더 자세히 이야기해볼까요?

페르시아전쟁은 기원전 490년부터 기원전 450년까지 그리스에서 일어난 전쟁입니다.

이 시대에 대한 감이 좀 잡히나요? 역사 공부를 할 때는 거시적인 시각으로 살펴볼 필요가 있습니다. 그러면 당시 세계 각국에서는 어떤 일이 있었는지 알아볼까요?

그리스	고도의 문명을 발전시켰으며 유럽 문명의 발상지가 되었습니다.
로마	열심히 힘을 키우는 중이며 향후 발전 잠재력이 무궁무진합니다.
이집트	3000여 년의 유구한 역사를 가졌으나 당시에는 페르시아의 침략을 받았습니다.
페르시아	유럽, 아시아, 아프리카 지역에서 패권을 차지했습니다.
인도	페르시아의 공격으로 한바탕 혼란이 야기되었습니다. 마우리아 왕조는 아직 출현하기 전이고 불교가 막 등장했습니다.
중국	동주(東周) 시대에 이르렀으며 제후들의 다툼으로 천하가 혼란스러웠습니다.

사건의 주인공은 고대 문명의 발상지인 그리스입니다. 에게해의 푸른 물결이 전 세계 문예 청년들의 마음을 흔들던 시기였습니다.

당시 그리스는 아테네, 코린토스, 스파르타, 이오니아, 미케네 등 많은 도시국가로 이루어졌습니다. 지금은 작은 도시에 불과하지만, 그때만 해도 독립된 도시국가로 중요한 역할을 했지요.
이러한 도시국가들은 전부 동일한 문화를 공유했습니다.

그중에서 두각을 드러낸 두 국가가 있었습니다.

아테네

스파르타

그들은 그리스 세계의 버팀목 같은 존재였습니다.

	아테네	스파르타
성향	아테네 시민들은 부유했으며 문화와 예술을 즐겼습니다.	스파르타 시민들은 도끼, 작살, 갈고리 등의 무기를 잘 다뤘으며 전투에 능했습니다.
개성	아테네는 최초의 민주정치가 발달한 지역이자 음악, 그림, 연극 등의 예술과 토론 문화도 크게 발전했습니다. 수준 높은 문화와 예술적 경지로 시대의 흐름을 앞서갔습니다.	스파르타는 독재적인 분위기가 가득한 지역으로 모든 시민이 용맹한 전사로 이루어졌습니다. 늘 전투태세를 유지하며 남녀를 불문하고 7세 때부터 군사훈련을 받았습니다.

이처럼 전혀 다른 두 국가에도 공통점이 하나 있었습니다. 바로 서로를 얼간이라고 생각했다는 것입니다.

아테네와 스파르타는 그리스의 최대 앙숙이었습니다. 나머지 국가들도 양측으로 나뉘어 편 가르기를 했는데, 종종 전쟁에 참여해 많은 피를 흘렸습니다.

이어서 이야기의 핵심으로 들어가보겠습니다.

①
페르시아제국

페르시아는 현재 이란의 옛 명칭입니다.

단기간에 작은 부락에서 거대한 제국으로 성장한 페르시아는 아시아, 유럽, 아프리카 대륙을 넘나들며 용맹한 기상과 위엄을 떨쳤습니다.

페르시아는 먹성이 좋아 뭐든 먹어치우는 괴물처럼 다른 나라를 정복해 나아갔습니다. 우쭐거리던 바빌론(역사적으로 두 개의 바빌론이 등장하는데, 여기서는 두 번째 바빌론을 지칭함)을 정복한 페르시아는 동쪽으로 이동해 인도를 점령했습니다. 이어서 히말라야와 넓은 사막을 정복한 뒤 중국을 몇 번이나 베어 물었습니다. 그리고 서쪽으로 고개를 돌렸습니다.

페르시아는 서쪽의 바빌론, 시리아, 이집트, 소아시아 같은 힘없는 약소국을 가볍게 정복하고 지중해까지 한달음에 도달했습니다.

당시 아테네인은 유럽과 지중해 연안(소아시아) 국가에 분포해 있었으므로 이 지역도 그리스 영향권에 속했습니다.

페르시아인과 그리스인이 만나자 몇 번의 실랑이가 오갔습니다. 그리고 뒤이어 역사적으로 유명한 **페르시아전쟁**이 시작되었습니다.

제1차 페르시아전쟁

페르시아 황제 다리우스는 유능한 통치자
이자 에게해의 신선한 물고기를 좋아하는
미식가였습니다. 하지만 에게해 물고기를
수입하는 비용이 커지자 어장과 직접거래
계약을 체결했습니다. 따라서 다리우스는
그리스인이 잡아준 물고기로 매일 맛있는
생선 요리를 먹을 수 있었습니다.

페르시아와 거래를 한다고 해서 그리스인이 페르시아인이 될 수는
없습니다. 페르시아가 자주 소란을 일으키자 그리스인은 연안 맞은
편에 있는 아테네인과 몰래 손을 잡았습니다. 다리우스는 그 사실을
알고 크게 분노했는데, 그 결과 엄청난 후폭풍이 몰려왔습니다.

기원전 492년, 페르시아 대군
은 아시아를 빠져나와 곧장
유럽의 거점 아테네로 진격
합니다.

페르시아는 첫 번째 공격을 위해 병력을 밀집시켜 육해 양면 공격
작전을 펼쳤습니다.

하지만 페르시아 육군은 해협을 넘어 그리스에 도착하기 직전에 패
하고 맙니다.

2만 명의 해군은 육지에 닿기도 전에 태
풍을 만나 물고기 밥이 되었습니다.

페르시아는 기세등등하게 몰려와 결판을
낼 것처럼 굴더니 문 앞에서 발목을 삐끗
해 집으로 돌아간 꼴이 되고 말았습니다.

다음에는 일기에보를
꼭 봐야지!

페르시아의 첫 번째 공격이 무산되자 다리우스는 몹시 괴로워했습

니다. 그는 병력을 재정비하는 한편 그리스 각국으로 사자를 파견해

곧 설욕하러 가겠노라고 엄포를 놓았습니다.

'Water and earth'는 물과 땅,

즉 국가를 전부 달라는 뜻입니다.

겁을 먹은 그리스 소국들은 페르시아의 발밑에 납작 엎드렸습니다.

하지만 아테네와 스파르타는 그들과 다른 태도를 보였습니다.

그들은 페르시아에서 온 사자를 우물에 던져 죽였습니다. 그렇게 두 번째 페르시아전쟁이 시작되었습니다.

테미스토클레스

크세르크세스

살라미스 해전
마라톤 전투
테르모필레
불타는 아테네

레오니다스

어디선가 들어본 적이 있지 않나요?

이제 영화에 관한 이야기가
시작됩니다.

05

가려진 역사
〈300〉 하

가려진 역사 〈300〉 하

제2차 페르시아전쟁

2년 뒤인 기원전 490년, 다리우스는 10만 해군을 다시 그리스로 보냅니다.

페르시아 해군은 아테네 근처의 평원으로 상륙해 전투를 시작했습니다.

이 평원이 바로 유명한 **마라톤** 평원입니다.

따라서 이 전투를 **마라톤 전투**라고 부릅니다.

마라톤이라는 말이 유명해진 것은 다음과 같은 일화 때문입니다. 아테네는 1만 명의 병력으로 페르시아의 10만 대군을 격파하는 데 성공했습니다. 아테네는 승리했다는 소식을 전하기 위해 페이디피데스라는 병사를 보냈습니다. 그는 40킬로미터를 쉬지 않고 달려가 소식을 전했는데, 그것은 학교 운동장을 100바퀴 뛴 것과 비슷한 거리입니다.

페이디피데스는 할 일을 마치자마자 '픽' 소리를 내며 쓰러져 숨을 거두었습니다.

마라톤은 그의 죽음을 기리기 위해 시작된 경기입니다. 이 이야기는
다들 들어봤을 겁니다.

이렇게 두 번째 페르시아전쟁도 다리우스의 패배로 끝났습니다.

2

제3차 페르시아전쟁

가슴이 쓰리군.
가슴이 쓰라려
미치겠어.

그리스와의 전투에서 두 번이나 고배를 마
신 다리우스는 기분이 좋지 않았습니다. 3대
양을 정복하고 순항 중이던 페르시아제국이
얕은 도랑에서 전복된 것이나 마찬가지였기
때문입니다.

그리스를 굴복시키지 못했다는 생각에 그는 죽을 때까지 눈을 감지
못했습니다.

그리스 바다를 건너보지 못한 게
평생의 한이로구나!

다리우스가 죽자 그의 아들인 크세르크세스가 후계자가 되었습니다. 크세르크세스는 다리우스의 아들 중에서 가장 뛰어난 인물로 전해 집니다.

페르시아제국이 남긴 조각과 각종 자료에 따르면 그는 키가 훤칠하고 잘생긴 외모를 가졌습니다.

하지만 크세르크세스는 마음의 안정을 느끼지 못한 상태였습니다. 그는 아버지의 복수를 위해 30만 대군과 군함 수천 척을 직접 이끌고 그리스로 향했습니다.

이때 페르시아 육군은 북쪽에서부터 맹렬한 기세로 진격했습니다.

위풍당당한 페르시아군을 본 그리스인들은 깜짝 놀라 겁을 먹었습니다. 두 번이나 행운이 따랐던 그리스에 과연 안 좋은 일이 생길까요?

2000년 동안 원수로 지내던 아테네와 스파르타는 승리를 위해 잠시 묵은 감정을 내려놓고 힘을 합치기로 합니다.

양측은 각자의 장점을 살릴 수 있는 작전을 세웠습니다.

그리스는 완벽한 작전을 세웠습니다. 아테네는 페르시아 해군에 대항할 준비를 했고, 스파르타의 레오니다스 국왕은 그리스 연합군 수천 명을 이끌고 테르모필레에서 페르시아 대군을 맞이했습니다.

테르모필레는 그리스의 본영으로 통하는 길목인데, 양쪽 끝이 가파른 해안절벽과 험준한 산맥으로 이어집니다. 그리고 가운데는 아주 좁은 통로로 형성되어 군사작전을 펼치기에 최적의 장소였습니다.

레오니다스는 수천 명의 병사와 함께 이곳에서 페르시아 대군을 기다렸습니다.

페르시아 대군은 이틀을 쉬지 않고 싸워도 이곳을 뚫지 못합니다.

사흘째 되던 날, 크세르크세스는 그리스를 배신한 병사를 통해 비밀 통로를 알아냅니다. 레오니다스는 앞뒤 양면으로 협공해 죽기 살기로 싸웁니다.

앞쪽의 그리스 연합군 수천 명이 철수하자 레오니다스는 친위대 300명(사설 경호대)을 이끌고 테르모필레에서 피 튀기는 전투를 시작합니다.

스파르타군은 마지막 한 사람이 남는 순간까지 치열한 전투를 치렀습니다.

이것이 바로 영화 〈300〉의 이야기입니다.

테르모필레를 통과한 크세르크세스는 계속 남하해 아테네까지 쳐들어갑니다. 하지만 아테네 사람들은 이미 떠나고 빈 성만 남아 있었습니다.

크세르크세스는 크게 분노하여 아테네에 불을 지릅니다.

아테네에는 테미스토클레스라는 집정관이 있었습니다. 그는 비록 인품이 훌륭하진 못했지만, 전략이 뛰어난 명장이었습니다.

스파르타 병력이 테르모필레에서 전멸했다는 소식을 들은 그는 살라미스 해협으로 그리스 해군을 결집시키고 페르시아 함대를 유인했습니다.

페르시아의 거대한 함대는 살라미스 해협의 좁은 수로에 갇히고 말았습니다.

페르시아 함대 600척은 정말 곤란해졌습니다! 결과는 불 보듯 뻔했습니다. 아테네의 소형 군함은 일제히 페르시아 함대를 들이받았고, 페르시아군은 혼비백산하며 달아났습니다.

높은 산에서 지켜보던 크세르크세스는 반드시 승리하여 가문을 빛내리라 자신했습니다. 하지만 무참히 패배한 페르시아군을 보고 눈물을 흘리며 고향으로 철수했습니다.

그렇게 세 차례에 걸친 페르시아전쟁은 막을 내렸습니다. 하지만 그 장대한 전쟁이 하루아침에 딱 끝난 건 아닙니다.

결론

크세르크세스는 페르시아에 돌아가면서 군사 수만 명을 남겨 후일을 도모했지만 머지않아 그리스군에게 섬멸되었습니다.

살라미스 해전이 있고 2년 뒤, 스파르타는 그리스 연합군과 함께 플라타이아에서 페르시아의 잔여 세력을 섬멸하고 승리합니다.

페르시아는 지난날 점령한 소아시아 식민지를 그리스에 돌려줍니다.

기원전 449년, 그리스와 페르시아는 마침내 평화조약을 체결합니다. 약 40년간 이어진 페르시아전쟁이 비로소 종료되었습니다. 강력했던 페르시아는 전쟁을 치르며 국력이 크게 소진되었습니다.

뒷이야기

그리스는 전쟁에서 승리하여 외부의 적을 물리쳤지만, 내부 분란 문제는 해결하지 못했습니다. 크세르크세스는 페르시아에 돌아가자마자 국정 문제로 곤경에 처했고 끝내 부하의 손에 죽임을 당합니다.

그 후로 오랫동안 그리스와 페르시아 사이에 소소한 왕래가 이어졌습니다. 그런데 어느 날, 그리스의 한 청년이 페르시아 땅으로 건너가 거대한 제국을 무너뜨리고 맙니다.

이 청년은 바로 **알렉산드로스** 대왕입니다.

06
십자군
3대 기사단

십자군 3대 기사단

십자군에 관한 이야기는 많이 들어봤을 겁니다. 여기에 등장하는 위대한 인물과 사건들은 많은 이의 호기심을 불러일으킵니다. 십자군 이야기를 들으면 역사가 좀 더 흥미로워질 것입니다.

저처럼 이성적이고 시야가 넓은 사람도 많지 않을 겁니다.

농담은 그만하고 십자군 원정 시기에 널리 위용을 떨친 **기사단** 이야기를 시작해보겠습니다.

기사단에 얽힌 일화는 1000년 전부터 전해져 내려왔으며 지금까지 수많은 영화와 소설로 만들어졌습니다. 하지만 사실이 불분명한 전설 같은 이야기가 많이 다루어진 만큼, 여기서는 실제 있었던 역사에만 집중해볼까 합니다.

기사단이란?

십자군의 주요 임무는 중동에 빼앗긴 성지를 회복하는 것이었습니다. 예의를 중시했던 중동군은 전쟁터에서 적군을 만나면 늘 안부를 물었습니다.

서유럽은 중동에서 아주 멀리 떨어져 있었고 자주 왔다 갔다 하기에는 차표가 너무 비쌌습니다. 따라서 중동에서 무슨 일이 생겨도 가족들에게 알리기조차 어려웠습니다.

중동에 머물던 유럽 기사들은 직접 조직을 만들기로 합니다.

성지의 평화를 수호하기 위해 그들은 어떤 국가에도 속하지 않았으며 교황에게 직접 보고를 올렸습니다. 이들이 바로 **기사단**입니다.

네 목을 치러 왔다!

기사단이라고 하면 이런 모습을 생각한 사람들도 있을 것입니다.

하지만 처음 기사단에 지원한 이들은 마음씨가 착한 사람들이었습니다. 그들은 주로 의료나 치안 유지와 같은 일을 담당했습니다.

말은 여기 세우시면 안 돼요! 저쪽으로 가세요!

그들은 시간이 흐르면서 점차 과격한 무장조직으로 변해갔습니다. 당시 중동에서 활동하던 기사단은 아주 많았는데, 그중 3대 기사단 이 가장 유명했습니다.

구호 기사단 · 성전 기사단 · 튜턴 기사단

3대 기사단을 하나씩 살펴보겠습니다.

구호 기사단(키워드: 병원, 몰타)

3대 기사단 중 가장 평화로운 성격을 지닌
기사단입니다. 예루살렘의 한 병원 근처
에서 조직되어 부상병을 위한 구호 및 치
료 활동을 담당했기에 구호 기사단이라고
불립니다.

구호 기사단의 자선 활동에 감동받은 사
람들은 기부금을 내며 자신들도 죽어서 좋은 곳으로 갈 수 있길 희
망했습니다.

아내에게 주느니
기사단에 기부하는 게
낫지!

남자는 서로 치고받으려는 본능을 버릴 수 없나 봅니다. 구호 기사단은 자금이 모이자 서서히 업무 범위를 확장했습니다. 그리고 무기를 사들여 성지를 수호하는 일을 맡으면서 군사단체로 변해갔습니다.

그런데 얼마 후, 십자군이 전쟁에서 패하자 그들은 중동에 예루살렘을 빼앗기고 설 자리를 잃고 맙니다.

구호 기사단은 다행히 모아둔 자금으로 지중해에 **로도스**라는 작은 섬을 사들여 정착합니다.

하지만 중동의 공격을 견디지 못한 그들은 또다시 지중해의 **몰타섬**으로 퇴각합니다.

구호 기사단은 그로부터 수백 년간 몰타섬을 점령했고 중동도 더
이상은 공격하지 않았습니다. 그때 유럽에서 나폴레옹이 나타나 몰
타섬을 점령합니다.

유럽을 소탕한 나폴레옹은 몰타섬을 점령하고 구호 기사단을 쫓아
버립니다. 구호 기사단은 그렇게 갈 곳을 잃습니다.

하지만 구호 기사단은 현재까지 살아남았습니다. 그
들은 영토도 무기도 전부 잃었지만, 설립 취지만은 잘
지켜왔습니다. 교황은 그들을 가엽게 여겨 로마에 본
부를 내어주고 자선 활동에 힘쓰게 했습니다.

사람들은 구호 기사단을 **몰타 기사단**이라고 부르기도 합니다.
몰타 기사단 옷에 그려진 십자 모양은 **몰타 십자**라고 부릅니다.

성전 기사단(키워드: 부, 비참한 죽음)

성전 기사단은 구호 기사단과 비슷한데 예루
살렘의 솔로몬 성전에서 조직된 기사단이라
는 차이점이 있습니다. 프랑스 기사로 구성
된 성전 기사단의 설립 목적은 성지를 수호
하고 성지 순례를 온 프랑스인을 보호하는
것이었습니다.

성전 기사단의 취지는 순수했지만, 시간이
흐르자 그들은 보호비 명목으로 사람들에게
돈을 갈취하기에 이릅니다. 그렇게 새로운 부
호 세력이 탄생했습니다.

기사단은 대출 업무를 비롯해 온갖 수단으로 돈을 불렸습니다. 나중에는 프랑스 국왕도 그들에게 돈을 빌렸습니다.

3대 기사단 중에서 성전 기사단에 관한 전설이 가장 많은 이유는 무엇일까요?

1. 돈이 아주 많다.
2. 남긴 유산이 많다.

성전 기사단은 중동과의 전쟁에서 패하고 프랑스로 돌아갑니다. 하지만 그들은 전쟁에서 패했다는 사실보다 그들을 기다리고 있던 프랑스 국왕을 더 두려워했습니다.

국왕은 빌린 돈을 갚지 않기 위해 그들에게 온갖 죄명을 씌워 처형했습니다.

성전 기사단이 전부 몰살당한 날은 10월 13일 금요일이었습니다. 이 사건은 '13일의 금요일' 미신이 생겨난 것과 관련이 있습니다.

기사단장은 이단이라는 명목 아래 산 채로 화형을 당했는데, 죽기 전에 교황과 프랑스 국왕에게 저주를 퍼붓습니다. 그런데 놀랍게도 얼마 후 교황과 프랑스 국왕은 정말로 숨을 거두고 말았습니다.

성전 기사단의 시대는 이렇게 막을 내렸습니다.

이상한 것은 훗날 성전 기사단이 남긴
엄청난 재물을 찾은 사람이 한 명도
없다는 사실입니다.
이 수수께끼는 소설의 단골 소재가 되
었습니다.
그 대표적인 소설이 《다빈치 코드》입니다.

성전 기사단과 구호 기사단은 둘 다 부유했지만, 지금까지 살아남
은 것은 구호 기사단뿐입니다. 섬을 근거지로 삼은 그들은 귀국할
필요가 없었기 때문입니다.

근거지가 있다는 것이
정말 중요해요!

  흰 바탕에 빨간 십자가 문양은 성전 기사단의 표시
입니다.

튜턴 기사단(키워드: 철혈, 기사단 국가)

튜턴 기사단은 독일 민족으로 구성된 기사단인데, 3대 기사단 중 가장 마지막에 설립되었습니다. 성전 기사단과 구호 기사단은 십자군이 위용을 뽐내던 시기에 좋은 본보기가 되었습니다. 독일 기사들은 그 기사단들을 질투하면서도 그들을 닮고 싶어 했습니다.

튜턴 기사단　　　구호 기사단　　　성전 기사단

그 결과, 튜턴 기사단은 많은 이득을 취하지도 못했고 중동의 배신으로 큰 타격을 입었습니다.

하지만 그들은 중동이 아닌 유럽에서 새로운 길을 찾았습니다.

당시 동유럽 국가들은 치열한 전쟁 중이었는데, 그중 폴란드는 프로이센과의 전투로 쓴맛을 본 상황이었습니다.

이에 폴란드는 튜턴 기사단을 찾아가 부탁합니다.

마침 중동에서 할 일이 없어 어디로 가야 할지 고민중이던 튜턴 기
사단은 폴란드의 부탁을 흔쾌히 들어줍니다.

그들은 폴란드를 도와 프로이센을 정복하고 그 기세를 몰아 **기사단
국가**를 세웁니다.

147

프로이센의 **철혈 스타일**은 이때 튜턴 기사단의 영향으로 완성되었습니다.

하지만 튜턴 기사단은 이내 통제 불가능 상태에 이릅니다. 그들은 이웃나라와 좋은 관계를 유지하지 못했고 폴란드와는 툭하면 전쟁을 벌였습니다.

이후 그들은 마틴 루터를 만나 개종하는데, 이것은 결과적으로 튜턴 기사단의 분열을 불러왔습니다. 외부적·내부적 문제로 갈등하던 튜턴 기사단은 점차 세력을 상실합니다.

그리고 나폴레옹에 의해 완전히 해체됩니다.

나폴레옹은 자비를 베풀어 튜턴 기사단과 전쟁을 치르지 않았습니다.

훗날 튜턴 기사단은 부활합니다. 하지만 무장은 하지 않고 주로 자선 활동을 하는 단체로 변모합니다. 오스트리아에 본부를 둔 그들은 유럽 각지를 돌아다니며 긍정적인 영향을 미치는 선한 기사단이 되었습니다.

흰 바탕에 검은 십자가 문양은 튜턴 기사단의 표시입니다.

이렇게 3대 기사단에 관한
짤막한 소개를 마칩니다.
말을 하도 많이 했더니
목이라도 좀 축이고 와야겠습니다.
그럼 잠깐만 기다려주세요!

07

진정한
캐리비안의 해적

진정한 캐리비안의 해적

10년 동안 〈캐리비안의 해적〉 시리즈를 다섯 개나 찍은 조니 뎁은 다음과 같은 사실을 증명했습니다.

잘생긴 사람은 머리를 감지 않아도 사람들이 좋아한다.

몸매가 좋으면 다크서클이 있어도 사람들이 좇아다닌다.

영화를 보면 문화가 보입니다. 캐리비안에 가면 정말로 해적이 많다는 사실을 아나요?

세상은 이렇게나 넓고 바다 또한 광활한데 왜 캐리비안에만 해적이 나타나는 걸까요?

그럼 같이 그 문제를 풀어보겠습니다.

태동

우선 캐리비안이 어떤 지역인지 살펴볼 필요가 있습니다.

캐리비안은 북아메리카와 남아메리카 대륙 사이에 위치한 대서양 서부 해역으로 베네수엘라, 콜롬비아, 코스타리카, 온두라스 등 여러 국가에 접해 있습니다. 캐리비안과 인접한 국가를 일일이 나열할 생각은 없습니다. 더 자세히 알고 싶다면 직접 조사해보세요.

그럼 이야기의 핵심인 유럽의 거상을 소개합니다.

스페인

원래 스페인은 유럽 최남단에 위치한 아주 가난하고 낙후된 국가였습니다.

하지만 어쩌다 스페인은 콜럼버스의 세계 일주에 투자하여 유럽의 현금인출기인 **아메리카 신대륙**을 발견합니다.

이것은 로또 1등에 당첨된 거나 다름없습니다!

로또에 당첨된 보통 사람들은 외출할 때마다 이렇게 변장할 겁니다.

하지만 스페인은 정신 줄을 놓았는지 부자가 됐다고 광고를 하고 다녔습니다.

묻지도 따지지도 말고 다들 우리 집으로 와.

내가 한턱낼게!

스페인은 흥분을 가라앉히지 않고 아메리카에 함대를 파견해 금은보화를 실어 나르기에 바빴습니다. 그들은 다른 나라의 시선을 전혀 두려워하지 않았습니다.

벼락부자가 된 스페인은 돈을 펑펑 썼습니다.

하지만 국민을 위해서가 아니라 세상에서 가장 불필요한 일인 **전쟁**에 돈을 쏟아부었습니다.

16세기에 전성기를 맞이한 스페인은 오스만제국에 버금가는 국력을 갖게 되었습니다. 따라서 그들이 교황을 공격하는데도 유럽에서 그들을 제지할 나라가 없었습니다. **스페인은 스스로 '해가 지지 않는 제국'이라고 불렀습니다.** 그렇습니다. 훗날 **영국이 '해가 지지 않는 제국'**이라고 칭한 것은 바로 여기서 영향을 받았습니다.

스페인의 폭주는 전 유럽의 노여움을 샀습니다. 영국, 프랑스, 네덜란드는 스페인을 혼내주고 싶었지만 당장은 힘이 없었습니다.

그때 이야기의 주인공이 등장합니다.

바로 영국, 프랑스, 네덜란드가 데려온 강력한 구원투수, 해적입니다.

해적들은 스페인 화물선이 오가는 길목인 **캐리비안**을 지키고 있다
가 재물을 약탈하고 다수의 사상자를 냈습니다.

이것이 캐리비안 해적이 성행하게 된 원인입니다.

스페인이 어떻게 했든 간에 캐리비안에서 가장

먼저 약탈 행위를 한 자들은 프랑스인입니다.

결과적으로 해적의 출현은 유럽 전역에

큰 골칫거리가 되었습니다.

하지만 해적이 스페인을 노리게 된 것은 스페인이 자초한 일입니다. 당시 스페인은 '스페인 함선이 아니면 아메리카 대륙에서 사업을 할 수 없다'는 규칙을 만들었기 때문입니다.

다른 나라 배는 언제나 스페인의 공격을 받고 바다에 침몰해 큰 피해를 입었습니다.

그때부터 유럽 각국은 힘을 합쳐 공공의 적 스페인에 대항하기로 결심합니다.

영국의 **엘리자베스 여왕**은 꿈에서도 스페인과 싸웠고 잠에서 깨면 스페인을 박살낼 생각에 빠져 지냈습니다. 그런 간절한 염원 끝에 엘리자베스 여왕은 묘수를 생각해냈습니다.

스페인 화물선을 약탈하려는 자들에게 **사략 허가증**(일종의 국가공인 해적 자격증)을 발급해준 것입니다. 따라서 사략 허가증만 있으면 누가 무엇을 약탈하든 문제가 되지 않았습니다.

영국 해적도 캐리비안에서 활발하게 활동했습니다. 영국 외에도 유럽의 다른 나라에서도 이런 허가증을 발급해줬습니다.

수년간 불안정한 시국에 정책적인 지원까지 더해지니 캐리비안에서 해적이 되려는 사람이 점점 늘어났습니다. 그렇게 캐리비안 해적의 황금기가 찾아왔습니다.

전성기

스페인은 캐리비안 해적의 출현을 야기했습니다. 둘은 비슷한 흥망성쇠를 겪습니다.

스페인	초기	강세	약세	초약세
	15세기	16~17세기	18세기	19세기

캐리비안 해적		초기	강세	약세
	15세기	16세기	17~18세기	19세기

18세기 중 30년은 **해적의 황금기**라고 볼 수 있습니다.

하지만 어떤 시기이든 캐리비안에 나타나는 해적들은 두 종류로 나뉩니다.

약탈권을 가진 공식 해적

무허가 범죄자인 비공식 해적

초기에 허가증을 발급받은 해적들은 많은 이에게 환영받았습니다. 그중에서 가장 유명한 해적은 영국 해적 드레이크입니다.

그의 해적생활에서 가장 용맹했던 두 가지 사건을 꼽으면 다음과 같습니다.

1. 가장 약탈하기 어려운 스페인의 보물함대를 약탈했다.

2. 가장 싸우기 어려운 스페인의 무적함대와 싸워 이겼다.

하지만 해적들은 깊은 우울감에 시달렸습니다.

드레이크 같은 위대한 해적도 종종 직업적인 회의감을 느꼈습니다.

헨리 모건

해적의 끝판왕

윌리엄 키드

유명한 해적 선장

에드워드 티치

전설적인 해적 '검은 수염'

비교적 악질적인 사람을 제외하고 캐리비안 해적이 유명한 이유는 그들이 무법자처럼 보이긴 해도 규율과 조직을 잘 따랐기 때문입니다.

시간이 지날수록 해적이 되려는 사람이 점점 늘어나자 그들을 통제하기 위한 해적생활 수칙이 생겨났습니다. 그것은 바로……

궁금하면 오백 원!

회의에서는
거수로 표결한다.

배에서
도박을 하지 않는다.

여자는 배에
오를 수 없다.

저녁 8시에는
불을 끈다.

해적이라고 매일 바다에 나갈 수 있는 것은 아닙니다. 그들은 평소 해적선에 머물거나 갈라파고스제도, 포트 로열, 나소 등을 비롯한 캐리비안 인근 근거지에 머물렀습니다.

캐리비안 해적은 해적생활 수칙과 근거지를 기반으로 가장 강력한 제국의 함선을 약탈함으로써 세상에 이름을 알렸습니다.

그렇게 위대했던 해적들은 다 어디로 간 걸까요?

07 진정한 캐리비안의 해적

몰락

캐리비안 해적의 등장과 몰락의 원인은 같습니다.

스페인은 부유해지고 끊임없이 전쟁을 하느라 자국의 경제 상황은 돌아보지 않았습니다. 그러다 보니 금고는 금방 바닥을 드러냈습니다.

순식간에 무너진 스페인은 울면서 아메리카를 떠나지 못하겠다며 추한 모습을 보였습니다.

이때 유럽의 다른 나라, 특히 영국은 빠른 성장세를 보였습니다. 그들은 이용 가치가 없어진 해적을 바로 버렸습니다.

게다가 수백 년간 이어졌던 유럽의 전쟁도 일단락되었습니다. 해적
선에서 내려온 사람들은 장사를 하거나 농장주가 되어 안정된 일상
을 회복했습니다.

고용하는 사람도 사라지고 이득을 취할 일도 없어지니 캐리비안 해
적은 자연스럽게 해체되었습니다.

해적의 역사는 우리에게 '아무리 재물이 좋아도 정당한 방법으로 얻어야 한다'라는 교훈을 알려줍니다.

열심히 노력해서 갑이 돼야지,

을이 되어서는 안 됩니다.

08

미국의 과거 1

_독립전쟁

미국의 과거 1

• 독립전쟁 •

지금부터 세계 최강국 미국에 대해 알아보겠습니다.

미국은 아주 젊은 나라입니다. 얼마나 젊으냐고요? 샤오옌쯔(小燕子)
와 우아거(五阿哥)(샤오옌쯔와 우아거는 청나라 건륭황제 시기를 다룬 중
국 드라마 〈황제의 딸〉에 나오는 등장인물)가 치매에 걸릴 때쯤 미국이
탄생했다고 하면 이해가 될까요?

'맥없이 무너진 유럽의 역사'에서 말했듯이 15세기(대략 중국의 명나
라)에 새로운 땅을 발견한 콜럼버스는 그곳이 아시아의 일본이라고
생각했습니다.

또 다른 이탈리아인은 콜럼버스가 발견한 땅에 와서 말했습니다.

"저거 바보 아니야? 여긴 신대륙이잖아!"

그는 신대륙에 자신의 이름을 붙여 **아메리카**라고 불렀습니다. 이것
이 바로 오늘날의 미국입니다.

콜럼버스가 손해를 본 거 아니냐고요?

비교하자면 다음과 같습니다.

농구 시합에서 힘들게 상대방의 공을 가로채 점프슛을 했는데 득점
으로 연결되지 못했습니다.

그때 옆에 있던 친구가 멋지게 덩크슛을 성공한 것과 같은 상황입
니다.

요즘은 콜럼버스처럼 남 좋은 일만 해주고 이름도 못 남기는 사람은 많지 않습니다.

신대륙이 발견되자 유럽 각국은 앞다투어 땅을 점령했고 미국은 졸지에 유럽의 식민지가 되었습니다. 북아메리카에서 가장 많은 땅을 점령한 국가는 **영국**과 **프랑스**였습니다. 둘은 유럽의 영원한 맞수로 만나기만 하면 으르렁댔습니다.

미국에서도 둘의 싸움은 계속됐습니다.

당시 유럽에서 가장 영향력이 컸던 프랑스는 잠시 미국에 머물고 있던 중 영국인과 마주합니다. 정복욕이 강한 영국은 프랑스를 제압하고 북아메리카를 손에 넣습니다.

영국이 차지한 땅은 현재의 캐나다와 미국을 합친 지역이었습니다.

프랑스는 루이 가문의 부르봉 왕조가 집권하여 유럽에서 가장 강력한 세력을 자랑할 때였습니다. 그들이 미국으로 간 것은 정복이 아니라 투자가 목적이었습니다.

결과적으로 미국에 살게 된 영국인은 대부분 국내에서 자리를 잡지 못한 가난한 자들이었습니다. 그들은 새로운 땅에서 새로운 희망을 품었습니다.

영국은 메이플라워호를 타고 미국에 도착합니다. 메이플라워호에는 영국에서 핍박받던 자들을 포함해 농민과 청교도, 심지어 범죄자들까지 타고 있었습니다.

물론 권력자도 있었습니다. 프랑스와 한창 전쟁 중일 때, 영국의 부유한 집안 출신 군관이 지주인 아버지를 따라 미국으로 건너와 살았습니다. 바로 어릴 때부터 도끼를 가지고 놀았다는 **조지 워싱턴**입니다.

워싱턴과 도끼에 관한 일화를 아나요?

앗, 실수! 이게 아니네요.

벚나무에 얽힌 이 이야기는 다들 들어봤을 거라 생각합니다.

하지만 이 영국 군관은 자신의 조국에 심한 불만을 품고 있었습니다. 영국 정부는 프랑스와 전쟁을 치르느라 재정이 바닥나자 미국을 괴롭히기 시작했습니다. 그들은 고향을 떠나 미국에서 새로운 생활을 시작한 사람들을 온갖 방법으로 착취하고 못살게 굴었습니다.

영국은 본토에서 팔리지 않는 찻잎을 미국에 싼값으로 팔아넘겼습니다. 그 때문에 미국에서 생산된 찻잎은 가격 경쟁력에 밀려 팔리지 않았고, 이는 장사꾼들에게 큰 골칫거리가 되었습니다.

그들은 인디언으로 위장한 뒤 보스턴 항구에 정박 중인 영국 선박에 침입해 찻잎을 전부 바다에 던져버렸습니다. 이것이 바로 **보스턴 차 사건**입니다. 이 사건을 계기로 영국과 미국의 갈등이 폭발합니다.

미국의 행동에 크게 분노한 영국 정부는 그들을 혼내주기 위해 무력을 사용합니다.
그렇게 미국의 **독립전쟁**이 시작됩니다.
당시 미국에 있던 30여 개의 영국 식민지는 힘을 합쳐 조국을 위해 전쟁에 나섭니다. 사령관은 누가 맡았을까요? 주인공의 분위기를 풍기는 잘생긴 사람이 있었습니다.

 워싱턴은 준수한 외모에 재력과 인품을 두루 갖췄습니다. 프랑스와의 전쟁이 끝난 뒤, 워싱턴은 집에서 정무를 처리했고 그의 명성은 나날이 높아졌습니다.

워싱턴은 사람들과 함께 미국의 독립을 외쳤습니다. 이것이 바로〈독립선언〉입니다.

〈독립선언〉은 독립전쟁 기간에 제퍼슨이 초안을 작성하여 1776년 7월 4일 통과되었습니다.

따라서 7월 4일은 미국의 **독립기념일**입니다.

워싱턴의 외침은 사람들의 결의를 더 단단하게 만들어주었습니다.

이쯤 말했으니 새로운 친구를 소개해드릴게요.

윌리스는 500년 전 스코틀랜드에서 영국군을 몰아낸 인물입니다. 영화 〈브레이브 하트〉에 나오잖아요?

이제 알아보겠어요? 영국이 아무리 잘나가도 승리를 부르짖는 자들 앞에서는 당할 재간이 없는 것 같습니다.

영국이 곤란해지면 누가 제일 좋아할까요?

당연히 영국인은 절대 아니겠죠?

유럽에서 영국은 언제나 미움의 대상이었습니다. 따라서 유럽 각국
은 워싱턴의 독립선언을 열렬히 지지했습니다.

특히 프랑스는 대혁명으로 바쁜 상황에서도 병사를 파견해 미국을 지원했습니다. 유럽의 총공세 앞에서 영국은 미국의 독립을 지켜보는 수밖에 없었습니다.

찻잎을 팔아 이득을 보려던 영국은 결국 미국을 잃고 말았습니다. 그들은 왜 그렇게 찻잎을 팔려고 안달했을까요? 빈대 잡으려다 초가삼간을 태우는 일은 없어야겠습니다.

미국의 독립을 축하하기 위해 프랑스는 큰 선물을 했습니다.

뉴욕의 자유여신상은 프랑스가 미국의 독립 100주년을 기념해 선
물한 조각상으로, 자유와 저항을 상징합니다.

이렇게 탄생한 미국의 초대 대통령은 워싱턴이 맡았습니다. 그는 연임을 한 뒤 스스로 자리에서 물러났습니다. 하지만 그다음부터는 3선도 가능해졌습니다.

처음 미국에는 30개의 주(州)가 있었고 전부 동부에 위치했습니다. 이후 미국은 대규모 개발 사업을 시작합니다. 하지만 이 개발 사업은 큰 갈등의 씨앗이 되었습니다.

역사는 우리에게 말합니다. 조직을 구성해 외부의 적과 싸운 뒤에는 내부의 적과 싸워야 한다고요.

맞습니다. **고대 그리스**가 그러했습니다.

날라리 가라사대! 하지만 우리는 워싱턴과 같은 역사적 인물에 대한 객관적인 평가를 해야 합니다. 모든 민족이 발전하기 위해서는 무수한 피를 흘려야 합니다. 미국의 탄생 과정에서도 원주민인 인디언이 피를 많이 흘렸습니다.

09
미국의 과거 2
_남북전쟁

미국의 과거 2

· 남북전쟁 ·

당시 미국은 현재의 미국과 아주 달랐습니다. 국토의 면적도 지금에 비하면 상당히 작았습니다.

최초의 미국에는 30개의 주가 있었습니다.

당시 미국의 상황이 어느 정도였냐면 아직 농구 게임도 없었습니다.

마지막까지 3점 슛을 허용해서는 안 돼. 캐나다를 완전히 박살내버려.

슈퍼 대국이 되려면 아직 많이 부족합니다. 그럼 어떻게 해야 할까요?

① 미국의 확장

당시 미국 주변에는 넓은 땅이 있었는데, 그곳에는 영국·스페인·
프랑스·멕시코 등에서 온 사람들이 모여 살았습니다.

 위에서 언급한 영국은 북아메리카를 정복한 한편
유럽의 여러 나라에 식민지를 가지고 있었습니다.

영토를 확장하기 위해서는 어쩔 수 없이 피를 봐야 했습니다.
하지만 미국은 영리한 방법을 사용했습니다.
그들은 목숨을 거는 대신 돈을 사용했습니다.
즉, 미국의 영토는 중고 구매를 한 것과 같습니다.

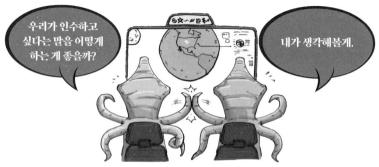

미국은 싼값에 땅을 사기 위해 머리를 굴렸습니다.

그들은 땅이 헐값에 나오기까지 조용히 기다렸습니다.

미국 서부에 위치한 **루이지애나**는 프랑스 식민지였습니다.
당시 나폴레옹은 막 정권을 잡아 골머리를 앓을 때라서 루이지애나
를 돌볼 겨를이 없었습니다. 미국은 프랑스로 사람을 파견했습니다.

미국은 1,500만 달러로 현재 미국 땅의 3분의 1을 사는 데 성공합니다.
다음으로 미국은 스페인 식민지인 **플로리다**에 눈독을 들였습니다.
스페인이 유럽에서 곤란한 상황에 처하자 미국은 다시 초저가로 플
로리다를 사 옵니다.

이렇게 미국은 본토의 땅은 물론이고 멀리 떨어진 **알래스카**와 **하와
이** 등도 헐값에 사 왔습니다.

얼음과 불의 노래

죽어도 땅을 팔지 않겠다는 상황에서는 어떻게 했을까요?

땅을 팔 수밖에 없도록 만드는 묘수를 사용했습니다.

텍사스는 원래 멕시코 영토였습니다.

미국은 사람들을 이간질해서 멕시코를 떠나도록 부추긴 뒤에 온정

을 베풀었습니다. 그러자 텍사스는 뜨거운 눈물을 흘리며 미국의 품

으로 안겼습니다.

미국인들은 조금씩 텍사스로 들어가 독립을 부추겼고 얼마 후 미국에 편입되도록 유인했습니다. 이런 묘수는 전부 가필드의 머리에서 나왔습니다.

내가 침 뱉었으니까 전부 나한테 줘.

캘리포니아주도 멕시코로부터 빼앗아 온 것입니다.

이런 일련의 과정을 통해 미국은 마침내 완전체로 거듭납니다. 대국으로 크느라 배불리 먹었으니 활발히 움직여야겠죠?

2
남북전쟁

남북전쟁은 미국 역사상 유일한 내전입니다. 전쟁의 목적은 다들 알다시피 **정의 구현과 노예제 해방**에 있습니다.

맞는 말이지만 말처럼 간단하지만은 않습니다.
남북전쟁의 원인은 아주 복잡합니다.

인정하든 안 하든 역사적으로 정의를 구현하기 위한 전쟁은 없었습니다. **모든 전쟁의 원인은 돈 때문입니다.**

미국이 영토를 확장하는 과정에서 남부와 북부는 약간의 차이를 보였습니다.

북부는 공장을 설립하고 산업화를 추진했고, 남부는 기후 영향으로 농업(목화 등)에 집중했습니다. 당시 남부는 **대농장 경제로 유지되**었습니다.

그 결과, 북부는 사장과 직원으로 이루어진 자유인이 대부분을 차지했습니다. 하지만 남부는 농업에 필요한 노동력으로 노예를 이용했기에 백인 주인과 흑인 노예로 구성된 사회였습니다.

이것은 원래 아무런 문제가 되지 않았습니다. 각자 주어진 일을 하면 그만이었습니다.

**네가 농사를 지으면 나는 베를 짜고,
네가 물건을 팔면 나는 계획을 세울게.**

 미국은 연방제 국가였으므로 노예제를 채택할 것인지는 각각의 주(州)가 알아서 결정했습니다. 따라서 당시 사람들이 노예제를 강하게 거부했다고 볼 수는 없습니다.

하지만 해외 무역에서 문제가 발생합니다.

남부는 농사를 지었으므로 집에 목화와 같은 작물을 제외하고는 아무것도 없었습니다. 그들이 생계를 유지하려면 목화를 해외에 수출하고 생필품을 수입해야 했습니다. 따라서 **관세를 인하**해야 이익이 생겼습니다.

반면, 북부는 공장에서 뭐든지 생산해냈기 때문에 값싼 수입품이 들어와 경쟁력이 떨어질까 봐 걱정했습니다. 따라서 **관세를 인상**하는 게 유리했습니다.

서로 의견이 다르면 부딪힐 수밖에 없습니다.

영토를 확장할 때마다 남부와 북부는 새로운 주를 자기편으로 끌어들이려 했습니다.

무엇을 하든 투표로 결정하는 만큼, 세력이 커야 국가정책을 통제할 수 있기 때문입니다.

미국의 영토가 확장될수록 남부와 북부의 세력도 점차 커졌고 갈등도 치열해졌습니다.

남부와 북부가 대치(남부가 약간 우세)하고 있던 어느 날 일이 발생합니다.

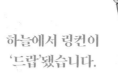

하늘에서 링컨이
'드랍'됐습니다.

북부를 지지하던 링컨이 미국 대통령으로 당선된 것입니다.

북부는 주도권을 잡자 쉽게 넘볼 수 없는 존재가 되었습니다.
이에 남부는 노예제를 찬성하는 주와 힘을 합쳐 **아메리카 연합국**을
수립하고 북부 정부인 **아메리카 합중국**과의 전쟁을 시작합니다.

아메리카 연합국   아메리카 합중국

이것이 바로 **남북전쟁**입니다.

남북전쟁은 위에서 언급한 것 외에도
종교, 외교 등 아주 많은 문제가 얽혀 있습니다.
관심 있다면 직접 탐구해보세요.

이런 상황에서도 당시 사람들이 노예 해방을 운운하지 않은 이유는 노예제가 그들에게 큰 이득을 가져다주기 때문입니다.

따라서 링컨은 노예제가 마음에 안 들어도 당장 폐지하라고 말할 수 없었습니다. 그는 노예제를 보류하는 대신 남부가 잠잠해지기를 바랐습니다.

하지만 남부 사람들은 그럴 생각이 전혀 없었습니다. 그들이 보기에는 링컨도 북부 사람이니 남부를 가만두지 않을 거라고 여겼습니다.

전쟁이 시작되자 북부는 남부의 맹렬한 공격을 받고 처참하게 깨졌습니다. 조급해진 링컨은 노예 해방을 선언했습니다.

노예를 해방하고
토지를 돌려줘라!

그 소식을 들은 남부 노예들이 북부 진영으로 달려가 참전하자 남부에는 아무도 남지 않았습니다. 링컨의 계략은 엄청난 효과를 불러일으켰습니다. 이것을 비유하자면 다음과 같습니다.

징거버거 판매할 분을
매장의 점주로 모십니다!

판도는 즉시 뒤집혔고 북부가 승리함으로써 전쟁은 끝납니다. 그 결과 미국은 분열되지 않았고 노예제는 폐지되었습니다.

링컨의 마지막은 다들 알 겁니다.
전쟁이 끝나고 연극을 보러 간 링컨은
노예제 폐지에 반대하는 남부 사람에게 총으로 암살당했습니다.

날라리 가라사대!

역사에 등장하는 대부분의 '정의'는 이익의 충돌과 함께합니다.

따라서 역사와 세계를 알아가는 과정에서는 반드시

역사 속 인물의 인간성을 고려하며 평가할 수 있어야 합니다.

하지만 역사와 세계가 인간성에 의해 결정된다는 사실에

실망할 필요는 없습니다.

이익을 추구하는 인간의 욕심이 수많은 전쟁을 일으켰지만,

인간의 참되고 착하며 아름다운 마음이 세계를 올바른 방향으로 이끌

어왔기 때문입니다.

10

미국의 과거 3

_ 하나님이 보우하는 미국

미국의 과거 3

• 하나님이 보우하는 미국 •

독립전쟁과 남북전쟁을 거치면서 기틀을 마련한 미국은 빠르게 발전합니다.

남북전쟁에서 승리한 북부가 전쟁이 끝나자마자 한 일은 패배한 남부 사람들을 위로하는 것이었습니다. 링컨은 이렇게 말했습니다.

가족은 늘 함께해야 하며
행복하게 지내는 것이
무엇보다 중요합니다.

하지만 하늘에서 내려온 링컨은 다시 하늘로 올라갔습니다.

관용을 베푼다고 전부 좋게 받아들이는 것은 아닙니다. 일부 이성을 상실한 반혁명분자들은 노예제의 부활을 꿈꿨습니다.

악명 높은 KKK단은 과격한 인종차별주의 집단으로 종종 흑인을 괴롭히고 폭력을 행사합니다.

불협화음이 있긴 하지만 미국은 마침내 정상적인 궤도로 진입했습니다. 노예는 사라졌고 사람들은 일상을 회복했습니다. 하지만 그럼에도 현재의 세계 최강국 미국과는 다소 거리가 있습니다. 왜 그럴까요? **돈이 없기 때문입니다.**

헐값으로 구입한 토지에는 실의에 빠진 사람들로 가득하고 국가는 또다시 전쟁에 열을 올리는 중이라면, 무엇을 하고 싶을까요?

컵라면 하나에 얼마죠?

어느 날 우주에서 외계인이 내려와 한 지역을 선택해서 없애버리겠다고 한다면 어떻게 할까요?

미국인은 입버릇처럼 말합니다.

갓 블레스 아메리카(God Bless America)!

사람들은 이 말을 기도라고 생각하지만 그렇지 않습니다. 정확한 뜻은 다음과 같습니다.

아버지가 나를 사랑하신다!

전 세계에 하나님의 자식들이 있다고 가정한다면 가장 젊은 미국은 가장 늦게 얻은 아들입니다.

 자, 하나님이 어린 아들을 얼마나 사랑하는지 한 번 살펴볼까요?

사례 1 _돈이 없어? 괜찮아. 다른 사람들이 가지고 있잖아!

하나님은 막내아들에게 돈이 없다는 걸 알고는 다른 아이들과 회의를 열었습니다.

유럽의 테러리스트가 다른 나라의 지도자를 향해 총을 쏘았습니다.
이것이 바로 **사라예보의 총성**입니다. 트집 잡기를 좋아하는 독일은
이것을 핑계로 **제1차 세계대전**을 일으킵니다.

헝가리 & 독일 &
이탈리아 동맹국

vs.

영국 & 러시아 &
프랑스 협약국

미국은 전쟁에서 누구 편도 들지 않고 중립을 유지했습니다. 그리고 양쪽에 무기를 팔아 전쟁을 부추겼습니다. 유럽 각국이 총력을 기울여 싸우는 동안 미국은 그들의 돈을 긁어모아 엄청난 이득을 챙겼습니다.

10 미국의 과거 3 _ 하나님이 보우하는 미국

사례 2 _돈이 있으면 뭐 하니? 경험을 쌓아야지!

미국의 사업이 순조롭게 진행되던 어느 날 독일은 잠수함으로 적군을 봉쇄했습니다. 그리고 양쪽 진영에 무기를 팔아먹는 미국의 배를 격침했습니다.

분노한 미국은 워싱턴의 경고를 잊어버렸습니다.

유럽의 싸움은 유럽인에게 맡겨라!

그렇게 미국은 **제1차 세계대전**에 참전했고, 독일에게 완벽한 패배
를 안겨주었습니다.

미국은 군수품을 팔아 막대한 이득을 챙기는 한편 전승국이 되어
배상금까지 받아냈습니다.

미국은 부자가 되었습니다.

갑자기 떼돈을 번 벼락부자들은 정신이상 증상을 보이는데, 이것을
벼락부자 신드롬이라고 합니다.

미국은 엄청난 부를 축적했지만 어떻게 써야 할지 몰라 혼란스러웠습니다. 그들은 수요에 상관없이 설비 투자를 늘리고 생산력을 증가시켰습니다. 그 결과 문제가 발생했습니다.

시중에 상품이 증가하자 부자들은 미리 사놓을 필요가 없어졌고, 가난한 자들은 돈이 없어서 사지 못했습니다. 따라서 제조사는 상품 가격을 내려야 했고 재정 상태는 급격히 나빠졌습니다. 회사가 돈을 벌지 못하니 실업자가 늘어났고, 실업자가 된 사람들은 가난해서 마음껏 소비하지 못했습니다.

결국 공장은 파산하고 실업자는 증가했으며 상품은 팔리지 않았습니다.

이것이 교과서에서 말로만 듣던 생산과잉에 따른 **경제위기**입니다.

경제위기는 미국에 유례없는 대공황을 불러왔습니다.

사례 3 _뭐? 망했어? 무슨 일인지 자세히 말해봐!

부유했던 미국이 갑자기 가난해지자 경제위기는 유럽 전역으로 퍼
져갔습니다. 이것은 막 전쟁을 끝낸 유럽에 큰 타격을 주었습니다.

당시 유럽은 매우 가난했습니다. 전쟁에서 패하고 배상금을 내니 빈 털터리가 되었습니다.

독일은 막대한 배상금과 경제위기로 처참한 지경에 이르렀습니다. 그 때 히틀러가 나타나 모두 부자 되는 세상을 만들어주겠다고 했고, 사 람들은 그를 지도자로 떠받들었습니다. 어떻게 부자가 되느냐고요?

독일은 주변을 둘러보았지만 괜찮은 친구를 찾을 수 없었습니다. 쓸 만한 친구는 **일본**과 **이탈리아**뿐이었습니다. 독일은 이들과 추축국을 구성하고 세계 각국을 공격하며 큰 혼란을 야기했습니다. 이것이 바로 **제2차 세계대전**입니다.

미국은 이번 전쟁에도 참전하고 싶지 않았지만, 하나님의 뜻은 달랐습니다.

사례 4 _경험을 더 쌓아야 해!

10 미국의 과거 3 _하나님이 보우하는 미국

이성을 잃은 일본은 일요일에 하와이 **진주만**에 위치한 미 해군 기지를 폭격했습니다. 이에 분노한 미국은 제2차 세계대전에 참전하게 됩니다.

그때 미국은 세계 대국으로 변모한 상태였습니다. 참전한 미국은 전쟁이 끝나가고 있다는 걸 알았습니다. 이탈리아와 독일은 이미 힘을 잃었고 남은 세력은 일본뿐이었습니다.

영화 〈핵소 고지〉를 보면 미국이 **오키나와**로 침투한 상황에서도 일본군은 마지막까지 죽을힘을 다해 싸웁니다.

사례 5 _너를 위해 무엇을 가져왔는지 아니?

미국은 마침내 최고의 무기 원자폭탄을 개발하는 데 성공합니다.

미국은 최고의 무기를 개발하고도 시험 대상을 찾지 못해 고민했습니다. 미국은 고심 끝에 일본을 시험 대상으로 결정합니다.

미국은 일본에 사상 최초의 원자폭탄을 투하했습니다. 원자폭탄이 터지면서 수많은 사상자를 낸 일본은 마침내 항복을 선언했습니다.

그렇게 전쟁은 종식되었습니다. 미국은 양차 세계대전을 통해 큰 부를 축적했고 명실상부한 세계 최강국의 자리를 차지했습니다.

미국의 역사는 이것으로 마치겠습니다.

11

단숨에 읽는
일본의 역사

단숨에 읽는 일본의 역사

일본은 아주 익숙한 나라 아닌가요?

일본 만화, 일본 게임, 일본 드라마는 다들 접해봤을 겁니다.

제가 한 가지 팁을 알려주자면, 일본 이야기를 할 때 교양 있는 척하고 싶다면 도쿄(東京)는 에도(江戶)로, 교토(京都)는 헤이안쿄(平安京)라고 해보세요.

갑자기 수준이 올라가는 것 같죠?

오늘의 주제는 **단숨에 배우는 일본의 역사**입니다.

단숨에 배워야 하니 구체적인 이야기는 못 하고
대략적인 역사의 흐름만 따라갈 예정입니다.
그래도 일본 만화나 일본 게임, 일본 드라마를
이해하지 못할 정도는 아니니까 안심하세요.

유명한 오다 노부나가와 도요토미 히데요시 이야기에 바로 들어갈 생각은 없습니다. 이들이 활약했던 16세기는 일본의 전국 시대이자 중국의 명나라 시기라는 건 알고 있나요? 자, 이제부터는 인내심을 가지고 처음부터 시작해보겠습니다.

일본의 역사는 4단계로 나눌 수 있습니다(제2차 세계대전 이전까지). 숫자에 약한 여러분을 감안해 표에서는 대략적인 연도만 표기했습니다. 같은 시기의 중국 역사도 알려드리니 비교해보세요.

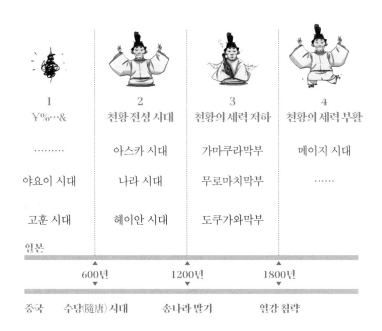

1	2	3	4
Y%…&	천황 전성 시대	천황의 세력 저하	천황의 세력 부활
………	아스카 시대	가마쿠라막부	메이지 시대
야요이 시대	나라 시대	무로마치막부	……
고훈 시대	헤이안 시대	도쿠가와막부	

일본

600년　　　　1200년　　　　1800년

중국　　수당(隨唐) 시대　　송나라 말기　　열강 침략

I

1단계 ￥%⋯&#%*&

대략 중국의 수당 태평성대 이전의 일본이라고 하면 아마 작은 부락이 옹기종기 모여 사는 이미지가 떠오를 겁니다. 아직 국가라고 부를 만한 환경은 아닙니다. 생산력은 낮았고 글을 쓸 종이는 실로 엮어 사용했으며 무덤이 많은 가문이 체면이 서는 시대였습니다. 한마디로 당시 일본은 원시 상태에 머물렀습니다.

2단계 천황 전성 시대

이 시기에는 흥미로운 이야기가 많습니다.

일본의 작은 부락들 중에서 빠르게 발전하는 곳이 있었습니다. 오늘날 교토, 오사카, 나라 지역이 모여 있는 **야마토** 평원입니다.

야마토 부락은 나날이 성장하여 국가의 형태를 갖춰갔습니다. 이들이 바로 오늘날 일본의 조상인 **야마토 민족**입니다.

야마토 부락은 어설프긴 해도 국가의 형태를 유지하고 있었습니다. 사람들은 통치자를 일본의 태양신인 아마테라스 오미카미(天照大神)의 후세로 떠받들며 '천황'이라고 불렀습니다.

천황이라는 명칭은 중국의 황제라는 명칭에서 큰 영향을 받았습니다. 그전까지는 '대왕'이라고 불렀습니다.

왕으로서 힘을 과시하려는 느낌이 강하게 들지 않나요?

야마토 부락에서 산과 바다를 건너 중국인이 사는 곳을 엿본 그들은 천국을 본 것처럼 큰 충격을 받았습니다.

뱃멀미의 고통을 참아가며 중국으로 유학 온 일본 사람들은 위로는 국가 행정부터 아래로는 차를 마시고 바둑을 두는 것까지 두루 배워 갔습니다.

이들이 바로 견당사(遣唐使)입니다. 일본은 수나라 때부터 당나라 때까지 중국에 사람을 파견해 선진 기술과 문물을 받아들였습니다.

세상에서 가장 쉬운 세계사

일본은 중국의 장안을 모델로 축소하여 나라(奈良)를 건설했고, 그보다 약간 큰 모델로 헤이안쿄(지금의 교토)를 설계했습니다.

일본은 유적지를 잘 보존해왔는데 이점은 우리가 본받아야겠습니다.

중국에서 중앙집권체제를 학습한 일본의 '천황'은 중국의 황제처럼 뭐든지 마음대로 할 수 있었습니다.

아스카, 나라, 헤이안쿄왕조가 이 시대에 포함됩니다. 이들은 기본적으로 중국의 당나라를 표본으로 삼았습니다.

아스카·나라·헤이안쿄는 각 왕조의 수도가 있었던 곳이며, 여기서 왕조의 명칭이 유래했습니다.

헤이안 시대 말기, 천황의 친척들이 그를 대신해 국정을 돌봤습니다.

천황이 보기에 그들은 엿처럼 딱 붙어서 떨어질 것 같지 않았습니다. 천황은 그들을 쫓아내기 위해 경호원을 많이 고용했습니다. 이때 천황을 도와 친척들을 몰아낸 자들이 바로 사무라이입니다.

사무라이는 원래 하층계급이었는데 천황이 신변을 보호하기 위해 그들에게 도움을 요청하면서부터 주목받기 시작했습니다.

사무라이 중에서 가장 큰 힘을 가진 두 세력은 겐지(源氏)와 헤이시(平氏)였습니다. 겐지와 헤이시는 헤이안 시대 말기에 전쟁을 시작합니다.

이것이 바로 **겐페이전쟁**입니다.

이 이야기는 아주 흥미롭습니다.

미나모토노 요리토모(源賴朝)를 아나요?

미나모토노 요시쓰네(源義經)를 아나요?

기소 요시나카(木曾義仲)를 아나요?

이들의 이름은 들어본 적이 없을 겁니다.

음양사 아베(安倍) 가문에 대해서는 들어봤겠죠?

겐페이 전쟁에서 승리한 겐지 가문은 천황의 수석 사무라이로 인정받습니다. 천황은 겐지 가문을 **세이이타이 쇼군**(征夷大將軍)으로 봉합니다.

천황은 호랑이 굴에서 빠져나와 늑대 굴로 들어간 꼴이 되었습니다. 얼마 후 천황은 쇼군에게 실권을 빼앗깁니다. 이렇게 천황이 통치하던 시대는 끝나고 일본의 역사는 세 번째 단계로 접어듭니다.

3단계 천황의 세력 저하
•막부 시대•

쇼군은 자신의 힘을 이용해 천황의 실권을 손에 쥡니다.

앞으로 무슨 일이 생겨도
천황에게 갈 필요 없어,
내가 처리해줄게!

쇼군은 천황을 무시하고 따로 집무실을 만들었는데 그것을 **막부**라고 부릅니다.

이때부터 천황은 정무에서 손을 떼고 뒷방으로 밀려났고, 쇼군이 정치를 하는 시대가 시작되었습니다. 이를 **막부 시대**라고 합니다.

겐지는 자신의 막부를 도쿄 옆에 있는 가마쿠라에 건설합니다. 따라서 최초의 막부가 **가마쿠라 막부**가 됩니다.

가마쿠라막부 시기에 가장 유명한 사건은 원나라 대군이 유라시아 대륙을 정복하던 때 일어났습니다. 원나라가 일본을 정복하기 위해 바다를 건너는데 두 번이나 태풍을 만나 배가 전복된 것입니다. 그 덕분에 일본은 큰 화를 면할 수 있었습니다.

그때 일본 사람들은 자신을 구한 태풍을 '신의 바람'이라고 불렀습니다. 제2차 세계대전에 참전한 일본의 자살 특공대 '가미카제(神風)'라는 명칭은 여기서 유래합니다.

일기예보도 보지 않고 항해를 시작한 2인조

가마쿠라막부가 무너지자 새로운 사람이 교토 옆 무로마치에 두 번째 막부를 세웁니다. 이것이 **무로마치막부**입니다.

무로마치막부는 아시카가(足利) 가문이 정권을 잡았습니다. 이 시대에 활동했던 선승으로는 일휴(一休)가 있습니다.

무로마치막부에서 유명한 쇼군으로는 아시카가 요시미쓰(足利義滿)를 꼽습니다.

중국이 명나라 후기로 접어들었을 즈음, 가마쿠라막부는 혼란스러운 시국을 맞이합니다. 즉, 지방 세력들이 난을 일으키고 각축전을 벌이게 됩니다.

이때가 바로 일본의 **전국 시대**입니다.

전국 시대에는 세 명의 유명한 인물이 출현하는데, **오다 노부나가·도요토미 히데요시·도쿠가와 이에야스**가 바로 그들입니다. 차례대로 권력을 차지한 이들은 일본을 통일하고 어지러운 세상을 바로잡습니다.

오다 노부나가(織田信長)

준수한 외모와 출중한 능력을 겸비했습니다. 무로마치막부를 뒤엎고 정권을 차지하고 전국의 통일을 추진합니다. 하지만 믿었던 자에게 배신당해 죽음을 맞이합니다.

도요토미 히데요시(豊臣秀吉)

외모는 평범하지만 뛰어난 능력을 가졌습니다. 미천한 신분 출신으로, 오다 노부나가의 뒤를 이어 전국을 통일합니다. 그리고 명나라를 쉽게 점령하기 위한 목적으로 조선을 침략합니다. 전쟁이 끝나고 병에 걸려 죽습니다.

도쿠가와 이에야스 (德川家康)

최고의 승리자! 오다 노부나가와 도요토미 히데요시를 모시며 그들이 자리에서 물러날 때까지 꾹 참고 기다려 최고의 자리에 올랐습니다. 일본 역사상 인내심이 가장 뛰어난 인물로 평가됩니다. '몸은 혁명의 밑천이니 젊다고 밤을 새우지 마라'는 말을 남겼습니다.

전국 시대가 끝나고 도쿠가와 이에야스는 일본의 마지막 막부인 도쿠가와막부를 수립합니다. 도쿠가와의 집무실이 에도(오늘날 도쿄)에 위치했다는 이유로 이 시대를 에도 시대라고 부르기도 합니다. 에도 시대의 영광은 260년간 지속되었습니다. 모든 막부 시대가 끝나고 일본의 역사는 4단계로 접어듭니다.

4

4단계 천황의 세력 부활

• 메이지유신(明治維新) •

외로워.

막부 시대에 천황은 어떤 권력도 갖지 못했습니다. 시국이 어지러울 때 아무도 천황을 찾지 않은 이유도 그가 해줄 수 있는 게 아무것도 없었기 때문입니다. 그래도 천황이라는 직책은 자손 대대로 전해졌습니다.

도쿠가와 이에야스는 청나라가 그랬던 것처럼 200여 년간 문을 굳게 닫아걸고 쇄국정책을 펼쳤습니다. 19세기, 중국이 영국의 침략으로 힘들어할 때 일본도 미국의 공격을 받고 크게 흔들렸습니다. 하지만 영국을 대하는 중국의 태도와 달리 일본은 문호를 개방해준 미국에 고마워했습니다. 미국의 폭격을 계기로 일본은 크게 각성하게 되었습니다.

USA

일본 사람들은 도쿠가와막부의
무능함을 깨닫고 권력을 다시 천
황의 손에 쥐어줍니다.

그렇게 6, 700년 동안 뒤로 물러나 있던 천황은 즐거운 마음으로 제
자리로 돌아옵니다. 사람들은 당시의 천황을 메이지 천황이라고 불
렀습니다. 권력을 회복한 그는 '메이지유신'을 통해 서양의 기술과
문물을 적극적으로 받아들였습니다.

천황은 청일전쟁에서 승리하고 이어서 러시아와의 전쟁에서도 승전보를 울렸습니다. 일본인은 작고 빠른 체구로 세계 강국의 깊숙한 곳까지 파고들었습니다.

제1차 세계대전, 제2차 세계대전 이야기는 다들 잘 알고 있으리라 생각합니다. 양차 세계대전이 끝나고 천황의 권력은 다시 동결되었습니다. 현재 천황은 일본 민족의 정신적 지주 역할을 하고 있습니다.

《세상에서 가장 쉬운 세계사》는 여기까지입니다.

세상에서 가장 쉬운 세계사

1판 1쇄 발행 2020년 2월 15일
1판 3쇄 발행 2022년 8월 22일

지은이 | 천레이
옮긴이 | 김정자
펴낸이 | 최윤하
펴낸곳 | 정민미디어
주 소 | (151-834) 서울시 관악구 행운동 1666-45, F
전 화 | 02-888-0991
팩 스 | 02-871-0995
이메일 | pceo@daum.net
홈페이지 | www.hyuneum.com
편집 | 미토스
표지 디자인 | 강희연
본문 디자인 | 디자인 [연;우]

ISBN 979-11-86276-79-2 (03900)